EMPRESAS EM TERRADOIS

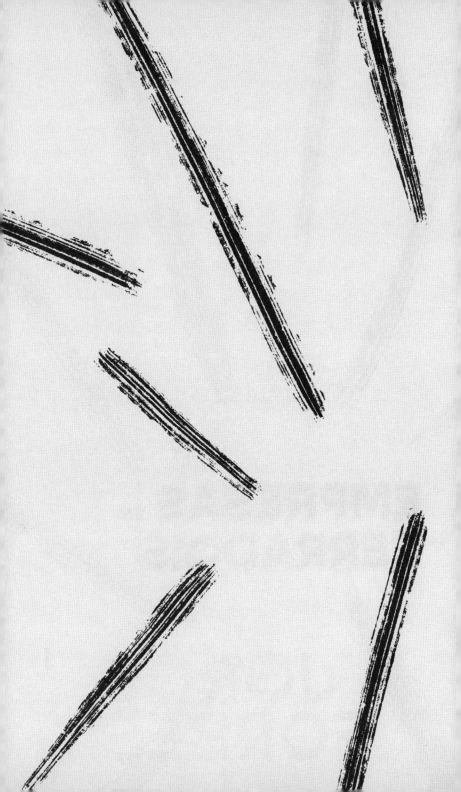

EMPRESAS EM TERRA DOIS

JORGE FORBES

Copyright © Editora Manole Ltda., 2023, por meio de contrato com os editores.

Capa: Marianne Meni
Projeto gráfico: Marianne Meni
Revisão: Marcos Toledo
Produção editorial: Marcos Toledo
Organização: Liége Lise, Jéssica Magalhães, Vanessa Scofield
Editoração eletrônica: Formato

CIP-BRASIL. CATALOGAÇÃO NA PUBLICAÇÃO
SINDICATO NACIONAL DOS EDITORES DE LIVROS, RJ

F787e

Forbes, Jorge
   Empresas em TerraDois / Jorge Forbes. – 1. ed. – Santana de Parnaíba [SP]: Manole, 2023.
   112 p. ; 21 cm.

   ISBN 9786555769517

   1. TerraDois (Programa de televisão). 2. Psicanálise. 3. Administração – Aspectos psicológicos. 4. Comportamento organizacional – Aspectos psicológicos. 5. Psicologia. I. Título.

22-79816
CDD: 158.7
CDU: 005.32

Meri Gleice Rodrigues de Souza – Bibliotecária – CRB-7/6439

Todos os direitos reservados.
Nenhuma parte deste livro poderá ser reproduzida,
por qualquer processo, sem a permissão expressa dos editores.
É proibida a reprodução por fotocópia.

A Editora Manole é filiada à ABDR – Associação Brasileira de Direitos Reprográficos.

Editora Manole Ltda.
Alameda América, 876
Tamboré – Santana de Parnaíba – SP – Brasil
CEP: 06543-315
Fone: (11) 4196-6000
www.manole.com.br | https://atendimento.manole.com.br/

Impresso no Brasil | *Printed in Brazil*

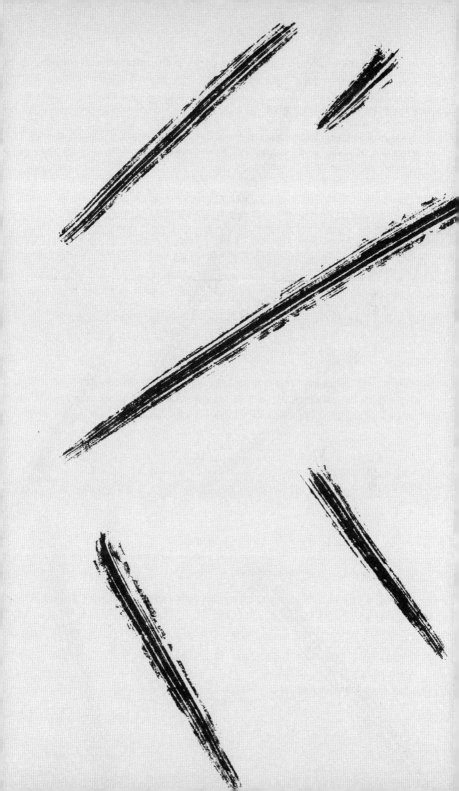

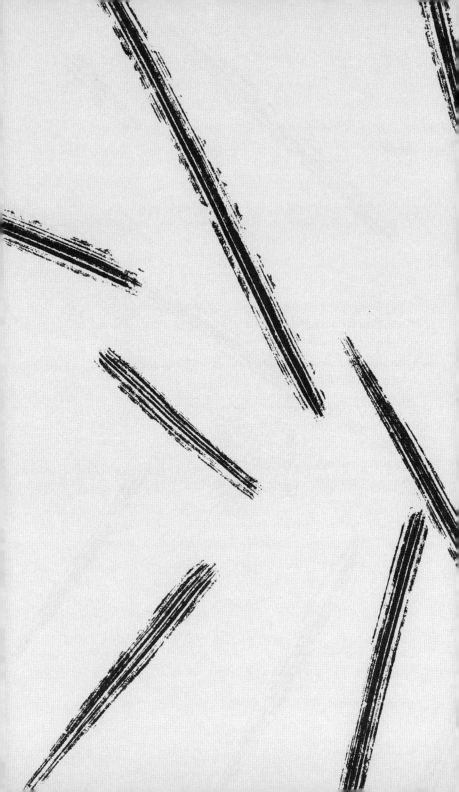

Esta obra contém conteúdo complementar disponibilizado em uma plataforma digital exclusiva. Nela, estão reunidos vídeos de Jorge Forbes, que servem como apoio para a leitura do livro.

Para ingressar no ambiente virtual, utilize o QR code abaixo, faça seu cadastro e digite a senha: terradoisforbes.*

SUMÁRIO

PREFÁCIO 11

1 **O QUE QUER DIZER TERRADOIS?** 15

2 **A OBRIGAÇÃO DO SUCESSO** 18

3 **ESTRESSE** 21

4 **O QUE É SER LÍDER HOJE?** 24

5 **A CRISE ESTÁ NA SUA CABEÇA** 27

6 **ESTAMOS TODOS DESBUSSOLADOS** 30

7 **A DIFERENÇA QUE SE É** 32

8 **QUE LÍDER QUEREMOS?** 35

9 **AS EMPRESAS PRECISAM IR PARA O DIVÃ** 38

10 **TALENTO OU SUPERAÇÃO?** 47

11 **A SAGRADA *COMPLIANCE*** 49

12 **GENI SOMOS TODOS NÓS** 52

- 13 **VERDADES MENTIROSAS** 62
- 14 **A CHEGADA DO CAMALEÃO** 65
- 15 **O BANCO INCOMPLETO** 68
- 16 **A SABOTAGEM E A INTELIGÊNCIA ARTIFICIAL** 71
- 17 **LIDERANÇA DEVE PROMOVER A CRIATIVIDADE** 74
- 18 **DIVERSIDADE OU RACISMO** 87
- 19 **ESTÃO TODOS DESPEDIDOS: TSUNAMI TECNOLÓGICO E OS VELHOS (E NOVOS EMPREGOS)** 90
- 20 **SAÚDES MENTAIS** 93
- 21 **A GLOBALIZAÇÃO É FEMININA** 96
- 22 **SUCESSO E CRISE** 99
- 23 *FAKE NEWS*, **PÓS-VERDADE OU VERDADE MENTIROSA?** 103

PREFÁCIO

CHAMO DE TERRADOIS o atual planeta em que vivemos. Ele é em tudo diferente daquele em que habitávamos até recentemente. Do nascimento à morte, passando por todas as etapas da vida, nada mais é como um dia foi. Sofremos a maior transformação do laço social dos últimos vinte e oito séculos.

Desorientado e angustiado frente a atual diversidade dos modos de viver, o "homem desbussolado" busca se localizar, caindo na tentação de usar velhos remédios para novos sintomas.

Porém, se não formos capazes de habitar TERRADOIS, veremos continuar crescendo as soluções para trás, ou seja, reacionárias.

Necessitamos de um programa que mostre, elucide, convide à fantástica experiência dessas novas formas de viver e de se relacionar, tanto no nível do indivíduo, como no das instituições. TERRADOIS não pode continuar sendo vista como uma terrível ameaça, mas, ao contrário, ela é uma enorme chance para a humanidade se reinventar.

Nesse volume, abordamos múltiplos aspectos das **Empresas em TERRADOIS**.

Bem-vindo a esse novo tempo: TERRADOIS deve ser do nosso desejo e responsabilidade.

Jorge Forbes

1 O QUE QUER DIZER TERRADOIS?

Nossos manuais de sobrevivência envelheceram.

ESTAMOS O TEMPO TODO FAZENDO ESCOLHAS a partir de "cardápios" que vão das características dos filhos à forma de morrer. Mais do que uma nova era, vivemos em uma nova Terra.

A esta altura, todo mundo já sentiu que nossa vida não é mais a mesma, desde o nascimento até a morte. Para começar, esses dois acontecimentos viraram cardápios. Numa ponta, definimos as características dos futuros filhos, nos mínimos detalhes, desde antes da gestação. Na outra, morremos cada vez menos de "morte morrida", como diziam nossos avós, e passamos a escolher entre eutanásia, ortotanásia, suicídio assistido, distanásia, etc. Entre as duas pontas, também tudo é diferente: a educação, o amor, o trabalho, a família, a amizade, enfim, tudo. Nossos manuais de sobrevivência envelheceram. De um dia para o outro ficamos desbussolados, à procura de qualquer sinal que prometa um momento de segurança. O que ainda piora a angústia, por nos confundir, é que o planeta em que hoje vivemos é igualzinho ao anterior em aparência. Desorientados, tentamos velhas receitas que, claro, não funcionam. Cresce o mercado de conselheiros de meditação, de autoajuda, de psicoterapias positivas, de *"compliances"* controladoras. Entra na moda se falar em "saúde mental" nas empresas, infelizmente entendendo erroneamente que saúde mental é educação do desejo. São todos paliativos de breve ou, no máximo, de média duração.

Frente a esse estado calamitoso de falsas soluções, propus que chamássemos esse novo planeta que habitamos de TerraDois. E, por conseguinte, o que deixamos para trás, de TerraUm. O simples fato de nomeá-los já evidencia uma diferença, convidando a pesquisar soluções adequadas a essa nova era, não se confortando com bálsamos provisórios.

Antes das soluções, no entanto, parece-me fundamental compreender qual foi a revolução, qual o aspecto determinante que nos levou de TerraUm para TerraDois. De minhas pesquisas concluí que, fundamentalmente, o que ocorreu foi a passagem de um mundo verticalmente orientado para um mundo de relações horizontais. Isso se deu pelo recente conjunto impactante de avanços tecnológicos, verdadeiro tsunami, muito especialmente pelo surgimento da *web*, impulsionadora da sociedade em rede, surgida na década de 1990.

O mundo vertical, no qual vivemos os últimos séculos, se caracteriza por se organizar em torno de um padrão. Em decorrência, são seus valores a hierarquia, o foco, a rigidez, o garantido, o disciplinado. Já o mundo horizontal, múltiplo, se baseia na colaboração, na diversidade, na flexibilidade, no risco, na responsabilidade. É fácil notar que temos de reaprender, ou melhor, que temos de aprender a viver em um novo planeta que justifica ser chamado de TerraDois. Qualquer atitude pessoal ou institucional, hoje, deve poder responder: estou em TerraUm ou em TerraDois?

2 A OBRIGAÇÃO DO SUCESSO

Não existe sucesso sem risco pessoal, sem o risco da vaia.

AS VITRINES DAS LIVRARIAS, em especial as dos aeroportos, expõem o que vende mais: livros de autoajuda. É uma verdadeira selva de "como isso", "como aquilo", manuais para "vencer rapidamente", que já veem com prazo vencido. Sim, pois a um livro sucede o próximo, para que o leitor tenha a impressão de que, se ainda não funcionou é porque ele não leu o último – ou o mais específico para ele. Criam-se séries de um título que vendeu bem: se o adulto gostou do "queijo salvador", na semana seguinte aparecerá o "queijinho fresco", para os jovens, e o "queijo envelhecido", para o segmento oposto. Grande colaborador deste mercado é a obrigação do sucesso. O sucesso nas vendas, no amor, na educação, na chefia, no esporte, e por aí vai. Quem poderia estar contra esta lista? O mais afoito diria: "Deveríamos lutar pelo fracasso?" Não é essa a questão. O problema não é "Sucesso, sim ou não?"; o problema, que passa despercebido tal qual um vírus, é a "obrigação".

A palavra sucesso, comecemos por ela, tem sua raiz no termo ceder, cair, no sentido de algo que se destaca, do que é diferente. O sucesso é algo que surpreende, por conseguinte, avesso a qualquer manual, pois o que surpreende não é previsível. Quando se resolve "embrulhar" o sucesso, como se faz com remédios, nos livros referidos – cheios de fórmulas e conselhos –, obtém-se o efeito contrário, a saber: não o comportamento surpreendente, mas o "genérico", o "igual a todo mundo". Não existe sucesso sem risco pessoal, sem o risco da vaia; qualquer artista sabe disso. E por que então essa feira de ilusão da fórmula pronta? Porque na era da globalização em que vivemos não existem mais os parâmetros orientadores que balizavam o mundo industrial que nos antecedeu.

As pessoas se sentem perdidas, ou melhor, desbussoladas. Tampouco sabem o que ou como fazer. Sofrem diante do risco embutido em se inventar uma vida, um estilo pessoal. E entre o prazer do aplauso e o medo da vaia, a maioria recua com medo – e abraça o primeiro que lhe acenar uma garantia. Pronto, aí a pessoas encontram a paz pretendida. Finalmente, livram-se da escolha de que tanto temem, pois alguém lhes explica o "bom caminho" e ainda com a generosidade de convencê-las que foram elas mesmas as descobridoras da resposta – daí o nome autoajuda – quando obviamente se trataria, se fosse o caso, de uma "heteroajuda", pois vem do outro, o autor do livro. A obrigação do sucesso é, assim, uma corrida contra a angústia que esses tempos propiciam por deixar um amplo campo às opções pessoais, dada a queda dos padrões universais de comportamento. Da obrigação do sucesso ao chamado estresse, hoje tão em moda, é só um passo, é uma consequência lógica. Mas isso já é tema para outra análise.

3 ESTRESSE

No corpo, o sono falha, os músculos doem, a pressão aumenta, o coração dispara, a memória esquece...

ESTÁ TODO MUNDO ESTRESSADO. Há um sentimento de dívida pairando no ar. Um sentimento de não fiz o que deveria ter feito. Não consegui trabalhar como antes. Não consegui terminar o livro. Não consegui brincar e/ou conversar com meu filho. Não consegui fazer exercício. Não consegui abraçar quem amo. Não consegui. De repente, o mundo ficou muito grande, ilimitado. E o sujeito se apequenou. Tudo lhe ficou distante. O que ontem lhe satisfazia, hoje o atormenta. Se está em casa trabalhando, não sabe o que o chefe vai achar do seu rendimento, de sua roupa, do berro das crianças, do companheiro ou companheira passando atrás da tela do computador. Essa mesma lógica se aplica a todos os outros momentos de sua vida. A pessoa só sabe que deve e, por isso, se estressa. Estressando só piora. No corpo, o sono falha, a azia queima, os músculos doem, a pressão aumenta, o coração dispara, a memória esquece. Na relação com o outro vem a impaciência, a irritação agressiva, a briga, o desgaste, o afastamento, a solidão. Cada um desses fatores retroage sobre a pessoa aumentando o estresse, abrindo caminho para a depressão.

Onde e como vamos parar? "O que aconteceu?", nos perguntamos. Aconteceu que o mundo mudou radicalmente. Viemos de 2800 anos de uma constituição de nossa identidade em uma arquitetura vertical, padronizada, hierárquica, garantida; fomos para uma sociedade horizontal, múltipla, flexível, criativa, surpreendente. Antes, conhecíamos os códigos que nos avaliavam. Sabíamos como ser chefe, funcionário, casado, professor, adolescente. Sabíamos até como brigar, pedir desculpas, fazer as pazes. Agora, não sabemos mais nada. Estamos desesperadamente procurando novos limites. As empresas criam mecanismos de *compliance* de fazer rir por seu ridículo controlador. As pessoas se tocam, se esbarram, se afastam, se confundem no ilimitado. Arrastando o peso de tantos anos, os limites são equivocadamente buscados no passado. Pensa-se com insistência que ontem era melhor. Não era não. Além do mais, o presente é inexorável. Melhor legitimá-lo, captá-lo em sua nova forma, perceber a imensa chance de viver uma humanidade em nova clave. A música mudou. Não mais se trata de cantarmos juntos a mesma canção, o mesmo clássico da bossa nova, do sertanejo, do *standard* americano. A música desse novo mundo não busca o consenso do cantar junto a mesma canção do Roberto, do Tom, do Sinatra. A música atual em vez do consenso prefere articular diferenças. Não se canta junto, mas se dança junto, com movimentos díspares. O novo limite que resolverá a epidemia de estresse, já existe; resta saber vivê-lo.

Não é um limite, como foi o anterior, baseado na famosa assertiva, "a liberdade de um termina com a liberdade do outro". Hoje, há que se dizer e viver que "a liberdade de um termina com a liberdade do outro". Estamos no tempo dos monólogos articulados, mais do que o dos diálogos compreensíveis. Tá ligado? Desista de privilegiar ser aceito pelo outro, o espelho quebrou e seus cacos se misturaram. É o mundo mix. Nossa identidade não se acalmará no lago pacífico de Narciso.

Nossa identidade encontrará seu caminho ao suportar a singularidade muitas vezes incompreensiva de nossas escolhas. Baixemos a ansiedade de reconhecimento e o estresse se anuviará. Não se explique e nem se justifique. Guarde esse mote. Não se explique e nem se justifique, não porque você seja autoritário ou arrogante, mas porque há que ser humilde em reconhecer que não há um outro a se oferecer compreensão e pedir aplauso. Isso virá, na lógica do encontro. Como diria Steve Jobs, *stay hungry, stay foolish*. Continue faminto, continue tonto.

4 O QUE É SER LÍDER HOJE?

Sou TerraUm ou sou TerraDois?

UM LÍDER, NO SEU MAIS AMPLO ESPECTRO, um líder na família, na empresa, na escola, na política, em suma, na sociedade civil, terá que alcançar, nos dias pós-modernos de hoje, postura muito diferente da que tinha até por volta de trinta anos atrás. Isso especialmente porque passamos de um laço social vertical, em TerraUm, e fomos para uma relação horizontal entre as pessoas, em TerraDois, que se traduz em dezesseis mudanças fundamentais, estabelecidas a título de exercício, pois poderiam ser listadas mais ou, também, menos. Cito-as e comento algumas brevemente:

1. "O líder moderno, TerraUm, é vertical, burocrata, protocolar, pede disciplina. O líder atual, pós-moderno, TerraDois, é horizontal, específico, flexível, pede consequência".
2. "O líder TerraUm atribui notas a seus liderados; o líder TerraDois atribui responsabilidades". Para se atribuir notas é necessário haver um padrão – o que é típico de TerraUm. Em TerraDois a variação é estimulada e o limite não é o padrão, mas a responsabilidade subjetiva de cada um.
3. "O líder TerraUm corrige e dirige; o líder TerraDois inspira e entusiasma".
4. "O líder TerraUm tem *status*, o líder TerraDois tem estilo". Status é uma característica a ser exibida para impressionar o outro, tal como balançar no pulso um relógio milionário. Estilo, muito diferentemente, diz respeito a um prazer de bem-estar singular, sem exibição.
5. "O líder TerraUm se vale da razão asséptica, sem contaminação subjetiva; o TerraDois, da razão sensível".
6. "O líder TerraUm privilegia a interdisciplinaridade; o TerraDois, a quebra das fronteiras, a indisciplinaridade (nada a ver com bagunça...)".
7. "O líder TerraUm é atento ao principal; o TerraDois é conectado ao geral".
8. "O líder TerraUm estimula a melhor eficiência do mesmo; o TerraDois, a criação da diversidade".
9. "O líder TerraUm comunica; o TerraDois envolve".
10. "O líder TerraUm é moralista; o TerraDois é ético".
11. "O líder TerraUm se assegura em certezas; o TerraDois convive com as ambiguidades".
12. "O líder TerraUm busca o lucro no mundo; o TerraDois associa o lucro com a construção do mundo".
13. "O líder TerraUm diz que o cliente é rei; o TerraDois, que o cliente é cidadão".

14. "O líder TerraUm avisa dos perigos, é precavido; o TerraDois incentiva a inovação responsável".
15. "O líder TerraUm patrocina a cultura; o TerraDois é editor de cultura".
16. "O líder TerraUm projeta o futuro; o TerraDois o inventa".

Como resistir à tentação, agora, de se perguntar: sou TerraUm ou TerraDois?

5 A CRISE ESTÁ NA SUA CABEÇA

> O principal fator que define a globalização é a mudança do eixo das identidades de vertical para horizontal.

SURPRESA ANUNCIADA É ESTRANHA, MAS É SURPRESA. Todo mundo sabia que alguma coisa estava muito errada, há bem mais de ano, mas como não se tinha a menor ideia do que se tratava, fingiu-se que o monstro era de brincadeira, que não mordia, só assustava. Os senhores do universo – cuja derrocada já tinha sido anunciada pelo criador do *new journalism*, Tom Wolfe, no seu Fogueira das Vaidades – não foram capazes de escapar a seu triste destino. Também pudera: sem ideologia; cultura rala; muita dieta balanceada para a maratona de fim de semana;

carros, casas e corpos – especialmente a cabeça – blindados, não daria mesmo para evitar a rota de colisão com o desastre previsto. Acrescente-se o fato de que, curiosamente, alguns dos mais conhecidos analistas econômicos foram lastimáveis ministros ou presidentes de bancos federais. Pena para o país que, para hoje serem bem vistos consultores, tenham que ter sido ministros. Como entender?

Comecemos por reconhecer o óbvio: estamos perdidos. É pouco continuar a fazer cálculos econômicos supostamente objetivos, que não levam em consideração a enorme mudança social que representa a globalização, para diagnosticar a crise de confiança que atravessamos. Sim, disse crise de confiança e não econômica, para privilegiar o aspecto da fé que falhou, apesar do nosso recente Ministro da Cultura, Gilberto Gil, ter insistido no canto de que "a fé não costuma faiá". Mas quando falha, como agora, sai de baixo.

Economistas usam sem parcimônia todo um vocabulário advindo da psicanálise, tal como: a 'depressão das bolsas', a 'histeria dos investidores' e a 'psicose do dólar'. Está na hora de um cursinho de reciclagem, pois essas categorias não são mais consideradas suficientes para uma análise da atualidade, no campo que as cunhou. Vamos lá.

Do ponto de vista psicanalítico o principal fator que define a globalização é a mudança do eixo das identidades de vertical para horizontal. Explico: quando dizemos eixo vertical das identidades fazemos referência a um laço social padronizado: todos unidos em torno a um ideal. Na família, o pai; no trabalho, o chefe; na sociedade civil, a pátria. Assim funcionava o laço social até uns trinta anos atrás, constituindo uma sociedade hierárquica e piramidal. Tínhamos um mundo "uni-versal", que tendia ao um, a uma versão do mundo superiora às outras. Muito diferente é a globalização: caem os padrões verticais, estabelece-se uma sociedade de rede, na qual todos estão conectados e interdependem. Não há mais um piloto automático de como proceder, a rota tem que ser reavaliada por um cálculo coletivo a todo instante. Daí a importância renovada da cultura: uma sociedade horizontal, um mundo plano, como chamou Thomas Friedman, no título de seu *Best seller*, é constituído pela cultura, é estruturado por ela; a cultura deixa de ser entretenimento secundário, para se constituir no próprio alicerce das relações sociais, antes da economia.

Essa atual crise mundial coincide com o final da era Bush. Ele e a crise se complementam e se merecem. O homem que separou o bem e o mal, que promulgou o ato patriótico – atentado às liberdades individuais – que respondeu, ao ser atacado, na base do infantil quem pode mais, esse personagem que não deixará saudade, ajudou a obscurecer a visão do mundo ocidental e atrasou o surgimento de novos conceitos necessários à era em que vivemos. Sob o guarda-chuva Bush, os senhores do universo fizeram seu *déjeuner sur l'herbe*, levando-nos à indigestão. O pior é que temos que limpar as migalhas desse banquete perverso (mais uma categoria analítica), para não criar ratos.

Uma nova voz se levanta: *Yes we can*. Ele foi ninado em africano, alfabetizado em inglês, vivido na Indonésia; é, em si mesmo, um ser globalizado. Seu jargão, que pode ser visto como voluntarioso por alguns, deve ser interpretado como um convite à responsabilidade coletiva expressa no "nós", sim, nós podemos mudar o mundo se nós quisermos: basta de senhores do universo esvaziados de pensamento e de desejo, bem-vindos parceiros de uma nova cultura de responsabilidade compartilhada, na qual a economia importa, mas não é essência. Foi o voto da mudança. A ver.

6 ESTAMOS TODOS DESBUSSOLADOS

A revolução tecnológica mudou nossas vidas e ainda não nos reencontramos.

ESTAMOS TODOS DESBUSSOLADOS, sem rumo, virados de cabeça para baixo e agarrando no primeiro tronco dessa enxurrada para tentar nos salvar. Do nascimento à morte, passando por todas as etapas da vida como o amor, a família, o trabalho, a saúde, o lazer, a educação, nada mais é como era antes. Nossos tempos pós-modernos – TerraDois, como costumo chamar – põem em evidência que, diferentemente de todos os animais, não temos um determinismo biológico que nos oriente com segurança inquebrantável. Não temos uma bússola segura, somos todos GPS ambulantes.

Vejamos os animais, as abelhas, por exemplo. Abelhas existem há 80 milhões de anos e são sempre as mesmas, sempre fazendo tudo igual. Nesse tempo todo a colmeia continua sendo composta por hexágonos perfeitos, nunca tendo surgido uma abelha Niemeyer que tenha resolvido inovar fazendo uma curva sensual no padrão tão exato de sua casa. E zebras, e pinguins, e onças, e porcos, e borboletas sabem desde o nascimento o que devem fazer de suas vidas. A espécie humana, não, por isso podemos falar em eras éticas, ou seja, épocas sucessivas que se caracterizam por um determinado comportamento coletivo.

Vivemos uma abissal mudança ocasionada, em especial, pelo surgimento da *web* na década de 1990. O laço social, pela primeira vez em 2800 anos, deixou de ser vertical, padronizado, hierárquico, linear, passando a ser horizontal, múltiplo, flexível, criativo. A primeira reação a essa flexibilização é de euforia, pela liberdade de escolha, logo seguida de medo pela mesmíssima razão: a liberdade de escolha atemoriza por não estar amparada em nenhuma garantia. Surgem então tentativas toscas de acalmar os medrosos, buscando fazer da ciência o que ela não é, a saber, oráculo do destino, semelhante ao periquito do realejo. Sob o prestigioso título de "neurociência" cria-se um amplo guarda-chuva sob o qual convivem práticas das mais consequentes e fundamentais às mais duvidosas, capazes de envergonhar o referido passarinho. E quando a isso se somam neossacerdotes cheios de termos ingleses, aconselhadores do lugar comum, está preparado o caldo da desistência de sermos responsáveis pela singularidade de nossas formas de viver. Podemos fazer bem melhor esse novo tempo.

7 A DIFERENÇA QUE SE É

O fracasso é solidário, mas a vitória é solitária.

USAMOS INDISTINTAMENTE TRÊS PALAVRAS para definir um momento de exaltação por uma conquista, são elas: sucesso, êxito, destaque. Notem que elas têm algo em comum, a saber, dizem que alguma coisa fica de fora.

Sucesso vem do latim *cedere*, que dá em português ceder. Sucesso é o que vem depois, como em "sucessão", em "suceder". Como diz a canção, com o sucesso "nada mais será como antes": deixa-se um estado, abre-se um outro, desconhecido, no qual será preciso aprender a habitar.

Êxito vem também do latim *exit*, palavrinha que aprendemos o sentido nos cinemas da nossa infância, pois estava sempre escrita sobre a porta de saída (em luz verde ou vermelha). "Êxito" se traduz em sair, em deixar. Até quando se deixa a vida, o jargão médico pomposamente disfarça a dor proclamando: "Obteve êxito letal".

Destaque, também de base latina, *destaccare*, retirar, separar, tem origem menos bem definida, entre o germânico, o espanhol e o francês, vide "Houaiss". No francês, "destaque" viria de *détacher*, o que quer dizer se desligar, sair do nó, do rolo. No espanhol, "salientar", e no germânico, sair da "estaca".

Essas três acepções contradizem o bom senso que pensa – e pensa sempre mal esse tal de bom senso – que é formidável ser alguém de destaque, que o duro é ser medíocre, comum, genérico. Nada disso.

Arriscaria dizer que recebo no consultório mais sofrimentos pelo sucesso que pelo seu contrário. É claro que ninguém chega dizendo: "Vim aqui porque comprei a casa dos meus sonhos", ou algo parecido, não, mesmo porque até o leigo sabe e tem medo de ser taxado de masoquista. As pessoas se queixam aproximadamente sempre das mesmas coisas porque no fundo a queixa é uma interpretação de que algo não vai bem, e o arsenal de queixas que a sociedade legitima é restrito, daí suas repetições. É como os nomes: temos muitas Marias, Luizes, Albertos, Sofias, porque o nome de uma pessoa é escolhido habitualmente em uma lista socialmente validada. Quando não, aliás, o risco do ridículo é muito grande, todo mundo conhece um exemplo.

Voltando às queixas, exatamente para não cair no ridículo, essa alguma coisa que incomoda dentro acaba recebendo um nome que não lhe cabe nada bem, confundindo a própria pessoa, quando não, também, seu terapeuta. Leva-se um tempo em psicanálise para se desfazer dos falsos nomes da dor, dos nomes *prêt-à-porter* disponíveis no mercado. Quantas vezes não ouvimos: "Mas não é possível que eu esteja sofrendo porque consegui a casa dos meus sonhos, isso vai contra o bom senso". "Êta" bom senso trapalhão! É muito difícil para a pessoa legitimar que está mal por algo que supostamente lhe deveria causar o bem.

Nós sofremos no sucesso, no êxito, no destaque porque aí ficamos sós. O fracasso é solidário, mas a vitória é solitária. Se você diz que está transtornado por ter sido assaltado no trânsito, seus interlocutores vão dizer: "Eu também", "Eu também", "Eu também". Agora, se você diz que conseguiu finalmente sua casa nova e maravilhosa, vão dizer: "Você não tem medo de ser assaltado, morando em uma casa?".

Chamei a atenção que as três palavras que comento aqui remetem a sair, a cair, a se despregar, mas do quê? Do grupo humano a que pertencemos. Não há quem viva fora de um grupo, seja ele qual for: família, escola, profissão, clube, etc. O conforto do grupo, sim, conforto porque reafirmamos nossa identidade no grupo de nosso pertencimento, exige que cada um ceda em parte suas características singulares, para caber no uniforme grupal. Aí, quando se dá um momento de forte de diferença, por algo que se conseguiu, nos vemos "destacados" e angustiados exatamente pelo nosso destaque. O que fazer?

Existe a resposta tímida e a ousada, se quisermos simplificar. A tímida nos leva a recuar, a diminuir o fato acontecido, de preferência a anulá-lo se possível, às vezes até causando um acidente grave. A ousada exige dois movimentos: legitimar a sua diferença, nomeando-a singularmente e incluí-la no mundo, pois ninguém aguenta muito tempo a solidão criativa. É o que fazem os artistas: veem uma banda onde ninguém viu e fazem todo mundo cantar a sua Banda, como fez o Chico. O talento nessa operação varia muito, mas o movimento é o mesmo. Não importa o tamanho da plateia, o que importa é não recuar sobre a diferença que se é.

QUE LÍDER QUEREMOS?

O mundo pós-moderno é das singularidades, das diferenças que pedem para ser articuladas e não tolhidas.

ELEIÇÕES. SÓ SE FALA DISSO. Vou falar também, mas um pouquinho diferente. Não vou falar de pessoas, nem de partidos, nem de minhas preferências. Nem vou tentar convencer ninguém (muito) a ir por um caminho que me pareça melhor. O que eu gostaria de chamar a atenção é que uma eleição escolhe líderes e que esses – os líderes – no tempo atual, pós-moderno, não têm nada a ver com o líder do tempo moderno, que nos é anterior.

Pensem nas suas casas. Alguém ainda conhece uma família que jante impreterivelmente às 19h30, que o pai se sente de terno com cara circunspecta à cabeceira, que os filhos se distribuam na mesma ordem, que a conversa seja pautada por importâncias comedidas da vida de cada um? Difícil, não é? O mesmo modelo, *mutatis mutandis*, vale para o professor, na escola; e também vale para o chefe, na empresa, ou na política.

Não se é líder hoje em dia com a roupagem do passado. Não existe mais a liderança vertical, de cima para baixo, em um eterno dar notas de aprovação, ou de reprovação. Por mais que o modelo "gerentão" ainda possa seduzir, ele é velho, é tosco. Na pós-modernidade o líder é o apaixonado que inspira, mais que controla; que entusiasma, mais que disciplina.

Não se é líder hoje em dia só por se saber ler gráficos. Números são importantes, mas não emocionam. Havia uma época em que a razão deveria ser asséptica, sem cheiro de humanidade. A época onde as pessoas se escondiam atrás de uma aparente objetividade pseudocientífica. Ficava-se repetindo: "Os números mostram que...", como se os números falassem por si, quando nem mesmo as rosas o fazem, Cartola dizia. Mais atual é a razão sensível, mistura de lógica com emoção, onde está, a emoção, completa responsavelmente os furos da outra, a lógica.

Não se é líder hoje em dia se apresentando como diretor de costumes, de certos e de errados, se fazendo de moralista de plantão, religioso ou pagão. Há que se diferenciar moral de ética. Moral, como o estabelecimento de um bom para todos; ética como a responsabilidade frente ao singular de cada um. O mundo pós-moderno é das singularidades, das diferenças que pedem para ser articuladas e não tolhidas.

Não se é líder hoje em dia quem conclama as certezas e evita as ambiguidades. Quem prefere comunicar, em vez de envolver. Quem precisa ser importante, quando a questão é ter estilo. Quem recua na prudência, ao invés de apostar na inovação.

Quem patrocina – de longe – a cultura, quando deveria ser um editor de cultura.

Não se é líder hoje em dia vivendo na saudade das comunicações unidirecionadas, quando o fundamental é o compartilhamento em rede.

Essa lista não é exaustiva, ela continua. Esbocei diferenças do líder da pós-modernidade em comparação ao da modernidade. Espero que esses aspectos ajudem a compreender o momento atual e, em decorrência, escolhermos o líder que queremos.

9 AS EMPRESAS PRECISAM IR PARA O DIVÃ

O ser humano está se defrontando com um aspecto assustador da sua condição: somos bichos perigosos.

Entrevista de Jorge Forbes à
Revista **Época Negócios**.

COMO GERIR EQUIPES, RETER TALENTOS OU SE COMUNICAR com os consumidores em um mundo sem bússolas, em constante mutação? Lidar com dilemas desse quilate, óbvio, não é uma tarefa simples. Mas algumas pistas para a solução de problemas desse tipo podem ser encontradas em um lugar insólito: em um divã, por exemplo.

O psiquiatra e psicanalista Jorge Forbes, um dos introdutores das teorias de Jacques Lacan no Brasil, está convicto de que as empresas precisam fazer análise. Isso para que entendam as peculiaridades de uma época, na qual as hierarquias rígidas e verticalizadas fazem pouco – ou nenhum – sentido. "As relações humanas, sob o ponto de vista psicanalítico, não são mais intermediadas por um padrão estável", diz Forbes.

"E isso torna todos mais frágeis. Por isso, as pessoas estão cada vez mais sujeitas a passar por verdadeiros curtos-circuitos". Daí, observa o médico, a explicação para a ocorrência de tumultos variados, o que inclui desde manifestações populares ao aumento de crimes provocados por reações intempestivas.

O senhor tem observado a ocorrência frequente de crimes hediondos, envolvendo pessoas comuns. O que está acontecendo em nossa sociedade?
Temos de constatar algo óbvio. Um tipo específico de crime, até recentemente raro, está se tornando cada vez mais comum, quase habitual. Presenciamos uma verdadeira epidemia desse gênero de crimes, marcado por linchamentos, pessoas picadas (zeladores e maridos), além de pais, mães e filhos assassinados uns pelos outros. Não estou dizendo que vivemos em uma época em que acontecem mais crimes. Não é isso. Mas é inegável que há um aumento de um problema específico. Casos que antes eram raros, hoje se tornaram mais comuns.

O que distingue esses crimes?
Todos são hediondos e foram praticados por pessoas comuns, sem antecedentes criminais, sem ficha corrida.

Por isso, surpreendem?
Exato. São inusitados, no sentido específico da palavra – ou seja, parecem fora de lugar. As pessoas que os cometeram são muito semelhantes àquelas que nunca fizeram nada parecido. Esse tipo de situação coloca todos em alerta. Deixa as pessoas

angustiadas. Elas dizem: "Explique-me qual a diferença entre esses criminosos e eu, porque quero ter certeza de que nunca faria algo parecido". O ser humano está se defrontando com um aspecto assustador da sua condição: somos bichos perigosos. E a nossa época favorece essa percepção.

Por quê? Qual a influência desta época?
O homem reage de forma diferente conforme a época em que vive. Aliás, nós chamamos de época a forma como o homem fixa a interação com os outros homens e com o ambiente em determinado espaço de tempo. Nós passamos do período moderno para o pós-moderno. As mudanças foram expressivas.

Qual a diferença entre esses dois períodos?
No moderno, sob o ponto de vista psicanalítico, as relações humanas eram intermediadas por um padrão estável. Na família, havia a lei do pai. Nas empresas, os funcionários seguiam a lei do chefe. Na sociedade civil, vigoravam as leis da pátria. A relação era piramidal. Ela estabelecia o certo e o errado e as pessoas criavam uma identidade a partir desse padrão.

O que ocorre na sociedade pós-modernidade?
O laço social muda. Ele deixa de ser único, hierarquizado. O padrão até existe, mas se torna multifacetado. Há uma multiplicidade de padrões. Na sociedade pós-moderna, que também é chamada de "rede", as relações humanas também são mais diretas. Elas são menos intermediadas. Não passam por um elemento comum de reconhecimento, como o pai, o chefe e a pátria. Essas novas relações tendem a ter uma intensidade maior, mas sofrem rupturas de maneira muito mais rápida. O chamado "deletar", utilizado no computador, passa a ser aplicado nas relações pessoais. As pessoas se "deletam" o tempo todo. Hoje,

são próximas. Amanhã, acabou. Não estou dizendo que isso vai ficar assim. Eu defendo a ideia de que estamos vivendo um momento de passagem.

E o que a época tem a ver com os crimes inesperados?
Esse novo mundo tem uma característica importante. Ele cria uma relação afetiva sujeita a curtos-circuitos.
Como assim? Antes, havia um circuito pactuado, com o pai, o chefe e a pátria, em que você tinha maneiras de se relacionar e até de brigar. Agora, não. Os padrões são menos evidentes. E, de repente, uma pessoa entra em curto-circuito e pode cometer uma atrocidade. O que é uma surpresa até mesmo para ela. Repito: com isso, não quero justificar e nem diminuir responsabilidade dos criminosos por seus atos. É justamente o contrário. Como vivemos em uma sociedade que passou por uma desregulamentação, que não tem mais uma norma clara, temos de aumentar o botão da responsabilidade subjetiva. É bom que nos assustemos com esses crimes, porque, sim, nós somos parecidos com os criminosos. Qualquer pessoa está fragilizada e pode ter reações intempestivas.

O senhor fala que vivemos em um mundo sem bússolas. Faltam valores?
Sim, os valores têm tudo a ver com isso. Na verdade, estamos em um período de mudança de valores. Fomos criados com base em valores externos. Nesse ponto, concordo com o filósofo francês Luc Ferry. Ele diz que o homem ocidental não morre mais por grandes ideais, mas morre pelas pessoas que lhe são próximas. É mais sensível à família, ao amigo, à namorada. O que existe é uma responsabilidade menos heroica. A amizade toma o lugar da admiração.

Por que as pessoas estariam dispostas a morrer?
A pergunta é porque, ou por quem, eu me sacrifico. A palavra sacrifício tem a mesma base etimológica do termo sagrado. Aquilo que é sagrado para mim são as pessoas mais próximas. Aquelas que dividem um espaço tangível na minha experiência vital: meu irmão, meu filho, minha mãe, meu professor. Na época moderna, por ser vertical, nós admirávamos pessoas como Winston Churchill, John Kennedy, Juscelino Kubitschek. Admirávamos os grandes homens. Se bem que é verdade que o Brasil nunca admirou muito ninguém. O brasileiro nunca se tomou muito a sério, o que faz com que este seja um a país pós-moderno por excelência.

Essa mudança na forma de admirar também altera a atitude das pessoas?
Sim. As pessoas, principalmente com mais de 40 anos, mediam as suas atitudes para saber se elas estavam mais próximas ou distantes da pessoa admirada. Se você educar um menino do século XXI a partir desses moldes, ele vai achar graça. O mundo de hoje não tem lugar para esse tipo de admiração vertical e distante.

Como as empresas entram nesse cenário?
Mal, mal, muito mal. Elas cometem erros básicos. Ainda acham, por exemplo, que a amizade pode ser uma coisa perigosa. Na verdade, é o contrário. Como vimos, ela é um valor fundamental nesta época. Antes, quando você indicava uma pessoa para um posto no trabalho, dizia: "Ele é um cara bom e não porque é meu amigo". Hoje, as pessoas dizem: "Ele é bom e, além do mais, é meu amigo". Não há problema nessa relação de amizade e nem todas as empresas perceberam essa mudança como parte de uma alteração maior. Hoje, como eu disse, vivemos em período mais flexível, com menor padronização. Por isso,

ele se torna incompleto. A subjetividade surge como um recurso importante para completar este mundo. Daí, a importância dada à amizade. Este momento que vivemos é muito mais da razão sensível do que da razão asséptica.

Quais os outros problemas das empresas?
Elas tentam criar uma imagem de meninas bem-comportadas de uma forma equivocada. É por isso que os seus princípios – missões, valores e códigos de ética – são genéricos. Todos dizem que se trata de uma companhia sustentável, que respeita a competição ética, além dos funcionários e do meio ambiente... Esses documentos corporativos usam termos padronizados. Assim, todos parecem iguais. Mas isso dá uma impressão de falsidade. Depois, os executivos perguntam: "Por que não temos aderência? Por que perdemos tantos funcionários?". Ora, quem acredita nesse tipo de coisa? Ninguém. Nem eles mesmos.

O que fazer? Como melhorar esses códigos de ética?
Estamos em um mundo novo, com novos sintomas, mas utilizando velhos remédios. Essa é a pior coisa a ser feita. Você vai dormir tranquilo, achando que está medicado, mas é o contrário. O problema continua lá e só está aumentando. As empresas devem falar mais ao desejo e menos à necessidade das pessoas. Elas têm de dar menos valor às histórias gloriosas e acentuar as histórias singulares. Os códigos de ética têm de ser mais parecidos com pactos, nos quais os funcionários vejam representado o mundo atual e não o mundo anterior, que era de caráter disciplinador.

As empresas precisam ir para o divã?
Sim. Eu concordo com o jornalista Zuenir Ventura. Ele disse recentemente que a sociologia não dará mais conta da nossa

sociedade. A psicanálise, por sua vez, é uma teoria mais forte para entender a época atual. Nós temos uma prática bastante consistente e estabelecida conceitualmente para não nos apavorarmos diante do mundo incompleto. Inconsciente, aliás, quer dizer aquilo que eu não sei. O mundo de hoje funciona por meio de mecanismos incompletos.

Quais os outros erros das empresas?
Vejo que, às vezes, as empresas não entendem qual é o produto que realmente têm. O iPhone, por exemplo, não foi exposto por Steve Jobs como uma máquina. Ele foi apresentado ao mundo como uma interface. Com isso, deixou de ser um objeto de consumo. Ele se tornou uma referência cultural. Uma empresa não sobreviverá por muito tempo se não for uma editora de cultura. E não estou falando de patrocínio de cultura. Isso é outra coisa. As empresas têm de descobrir qual é a maneira que os seus produtos alteram o contexto de nossas vidas. É isso o que devem enfatizar.

O senhor disse que o *software* criado por Freud não dá mais conta da sociedade. Isso também tem a ver com a pós-modernidade?
Sim. Freud criou um *software* maravilhoso. Muito melhor do que o do Bill Gates. Pelo menos, durou cem anos. Ele precisava entender de que maneira o homem estava articulado com o mundo. Captou a estrutura da organização humana da sua época. Percebeu que ela era piramidal. Colocou a mãe, do ponto de vista metafórico, como aquilo que quero alcançar. E colocou o pai como o percurso. Tudo isso com uma simplicidade inacreditável. Ele nos convenceu de que éramos edípicos, que a verdade humana era edípica. Agora, isso mudou.

Como?
Antes, eu buscava, na minha condução analítica, interpretar a posição edípica das pessoas. Com isso, elas ficavam sabendo mais de si mesmas. Hoje, essa passagem também existe na análise, mas há algo mais importante: tentar saber agir frente aquilo que não se compreende. Não vivemos mais em uma sociedade iluminista. Está é uma sociedade que funciona por meio de monólogos articulados e não de diálogos.

O senhor pode citar um exemplo?
Nas manifestações de rua do ano passado, todos ficaram loucos para entender que diabo era aquilo. E não tem nada para entender. Aquilo era um diabo mesmo. Era tudo multifacetado. Não havia uma bandeira de luta. Não adianta tentar entender aquelas manifestações como os protestos de 1968. Aliás, hoje, as pessoas não perguntam mais se os outros estão compreendendo os seus pontos de vista. Elas perguntam se aquilo que faz sentido para mim, também faz para você. E não se trata do mesmo sentido para ambos. Daí o surgimento de termos como "tá ligado?". Ele questiona se houve um sentido compartido. Não se existiu uma significação comum. É isso o que está na essência da chamada sociedade viral. As empresas também não sabem trabalhar nesse ambiente. Estão reagindo e insistindo com modelos do mundo anterior porque se sentem mais seguras. Ficam inseguras quando se tira o padrão. Elas adotam palavras do mundo pós-moderno e agem como antes. Precisam fazer essa passagem paradigmática.

Mas as manifestações de 2013 não mostram que as pessoas buscavam uma liderança? Não havia um anseio pela velha verticalização?

Só conseguimos entender a organização por meio da figura do líder, aquele que conduz uma série de pessoas que dão a ele esse papel. Esse é o modelo anterior. O novo modelo de líder não é esse. É de uma pessoa que cause em você mais um desejo e menos que explique para você como lidar com uma necessidade. Observe, durante os protestos, o governo tentou responder àquelas pessoas por meio do discurso da necessidade. Ele dizia: "Ah, vocês querem que o preço das passagens de ônibus diminua? Está bem". Mas não era isso que estava em jogo.

E como o governo deveria responder?
Mas a questão é justamente essa. Não se trata de responder. É preciso interagir. Nós ainda estamos presos a modelos antigos. Observamos um problema e tentamos encontrar uma solução. Não é isso. Neste caso, é interessante observar como as mulheres agem. Elas são muito mais pós-modernas do que os homens. Quando uma mulher traz um problema, o homem já pensa em sugerir uma solução. Diz: "Ligue para o marceneiro, para o encanador, faça isso, faça aquilo". Mas ela não quer uma solução. Ela quer expor o problema. Estamos agindo como homens que não conseguem lidar com a queixa feminina. A pós-modernidade tem um quê de queixa feminina. Ela não tem, necessariamente, um objeto definido. Com ela, muitas vezes, o mais importante é interagir. Não solucionar.

10 TALENTO OU SUPERAÇÃO?

> O sofrimento por uma qualidade pode ser maior que aquele originado por um defeito.

ENTRE ELOGIAR OS TALENTOS, por um lado, ou as histórias de superação, por outro, a imprensa brasileira deu clara preferência às histórias de superações, nesses Jogos Olímpicos do Rio.

Mal sabíamos qual era o esporte do atleta, de tanto que nos informavam, a todos nós espectadores, de suas dificuldades familiares, de sua penúria econômica, ou de suas antigas lesões orgânicas. Todas elas ultrapassadas com esforço, dedicação e disciplina exemplares. Por que essa preferência? Por que não dar peso semelhante ao sorriso maroto do talentoso corredor, em relação aos seus esforçados adversários esportivos? Provavelmente porque o esforço é democrático e o talento não. As histórias de superação são contadas com o objetivo de dar a ideia de que as conquistas dependem em primeiro lugar do seu próprio esforço, que elas são meritocráticas. Somos todos iguais, a priori, as chances são equivalentes, só nos diferenciamos pela vontade e pelo esforço. Os talentosos, por sua vez, ficam relegados ao banco das injustiças divinas, pois eles têm uma vantagem que escapa ao mérito. O talento é uma vantagem não democrática.

Ledo engano, no entanto, pensar que a conquista por mérito é mais valiosa que a conquista pelo talento. Aqueles que assim pensam, não sabem o custo que uma pessoa paga para se responsabilizar pelo próprio talento. A primeira das faturas é a da exclusão do grupo, pois o talentoso é bicho raro e acaba não tendo lugar na turma.

A psicanálise sabe que o sofrimento por uma qualidade pode ser maior que aquele originado por um defeito, pois o defeito é solidário e a qualidade é solitária.

Parabéns aos superados, mas também, parabéns aos talentosos.

11 A SAGRADA *COMPLIANCE*

**Atrás de um moralista,
com frequência,
mora a perversão.**

O SACRAMENTO DA CONFISSÃO foi instalado nas empresas. Ele é chamado de *compliance*, assim mesmo, em inglês, possivelmente para aumentar a impressão de seriedade, como no tempo em que a missa era rezada em latim.

Compliance, diz a Wikipédia, "é o conjunto de disciplinas para fazer cumprir as normas legais e regulamentares, as políticas e as diretrizes estabelecidas para o negócio e para as atividades da instituição ou empresa, bem como evitar, detectar e tratar qualquer desvio ou inconformidade que possa ocorrer".

As empresas disputam entre si os aperfeiçoamentos dos chamados mecanismos de *compliance*. Fazem listas de politicamente corretos que vão desde os presentes que se pode ou não receber, até às formalidades protocolares de negociação, passando pela regulação de namoros, de indicação de amigos ou familiares e dos tamanhos das saias ou dos cabelos. Tudo deve estar previsto e se mesmo assim algo escapar, há sempre um plantão para dirimir dúvidas de como manter o estado de graça.

Alcança-se assim o ideal do obsessivo, desconhecendo-se que atrás de um moralista, com frequência mora a perversão. Uma vez estabelecida a regra a cumprir (que é o significado de *compliance*), se estabelece simultaneamente o caminho de como burlá-la. Quem não se lembra – aqueles de formação católica, que são muitos no Brasil – que em nossas infâncias e juventudes éramos educados a confessar nossos pecados. Pecávamos, confessávamos, cumpríamos a penitência e, pronto, voltávamos ao começo da fila: pecávamos, confessávamos, etc., em repetição infindável. Para os embevecidos parentes, especialmente as velhas tias, éramos os exemplos irretocáveis de virtude.

Mutatis mutandis, em consequência da Operação Lava Jato, inúmeras cabines de confessionário foram instaladas nas empresas e catecismos de boa conduta amplamente distribuídos. Mesmo que seja uma grande operação para inglês ver, isso acalma os espíritos, pois, tal como a mulher de Cesar, é fundamental parecer honesto.

Empresas de marketing se especializam na divulgação das virtudes, executivos fazem *media training* de honestidade e até agentes do BOPE viram palestrantes. Busca-se o aprimoramento contínuo das regras, na ilusória tentativa de tudo controlar. Não ouviram o jurista Miguel Reale Jr. afirmar que o preço da liberdade não é a eterna vigilância, como nos acostumamos a pensar, mas o preço da liberdade é o eterno delito?

A resposta à vergonhosa cultura da desonestidade que nos assola não está no modelo religioso de pecado e arrependimento. O que é fundamental é a criação de uma nova cultura na qual o prazer de participar dela seja maior que o delito do egoísta. Basta de nos iludirmos que o remédio que dói é o que cura. É não. O que cura é saber habitar um novo laço social horizontal e criativo, ao qual chamamos TerraDois.

12 GENI SOMOS TODOS NÓS

> É preciso parar de atirar pedras no que está errado com o país e assumir a parcela de responsabilidade que cabe a cada um.

Mariana Barros, jornalista, entrevista Jorge Forbes. **Revista Veja.**

OS PREPARATIVOS PARA A COPA DO MUNDO trouxeram à tona um modo bem brasileiro de lidar com os próprios problemas: atribuí-los a terceiros. Segundo o psicanalista e médico psiquiatra Jorge Forbes, a frase "Se está ruim agora, imagine na Copa", que se tornou tão popular nos últimos meses, é um bom exemplo dessa postura.

Para ele, a chave para vencer o atual momento de crise – uma miscelânea de greves, protestos e crimes bárbaros – passa por todos se sentirem responsáveis pelo que acontece.

Em três encontros em seu consultório, ele conversou com a reportagem da Veja sobre as transformações do papel de governantes, da polícia e até dos sentimentos num mundo globalizado em que ainda nos debatemos para tentar compreender.

Há uma sucessão de greves e protestos em várias cidades brasileiras. Ao mesmo tempo, crimes bárbaros tornaram-se mais frequentes. O que está havendo?
O sistema inteiro está doente, berrando e produzindo excrescências. Sejam os casos horrorosos de linchamento ou greves feitas ao deus-dará, em que há o minigrupo, o subgrupo, o contra grupo, sem nenhum tipo de legitimidade dentro das normas estabelecidas pela sociedade civil e que param cidades na maior tranquilidade. Nossa vida virou um bingo. Saímos de manhã e não sabemos se seremos escolhidos. Estamos num momento em que as pessoas estão indiferentes. Quando uma pessoa quer roubar um celular e para isso decide matar sua vítima, não mata por raiva, mas por indiferença. Não há mais uma competição entre o bandido e o não bandido, não existe mais essa divisão. O que existem são mundos que não se tocam, mundos à parte, mundos que o futebol não une mais. Nem o apelo da Copa do Mundo está funcionando. Sob a ditadura, o povo brasileiro uniu-se em torno do futebol, mas agora, sob um governo democrático, não se une.

Estamos em crise?
Sem dúvida. Sigmund Freud (1856-1939) dizia que um analista não deve atender pessoas em crise, porque na crise não é possível analisar ninguém, mas apenas remediar, no sentido de tapar buracos. Só que quando todos os dias surgem novos fatores de crise, há a premência de uma resposta imediata. Não será possível evitar medidas do tipo tapa-buracos, mas o governo

tem de adequar-se e ser muito mais rápido, flexível e enérgico nas suas intervenções. Os líderes brasileiros hoje são todos de um tempo ultrapassado. Lideranças atuais devem tocar na vergonha de cada um, não no orgulho. Na vergonha de dizer "eu sou brasileiro e este outro brasileiro linchou esta mulher", para lembrar o recente caso do linchamento daquela moça no Guarujá, entre tantos outros crimes horrendos que ocorrem. Hoje, o líder tem de fazer com que cada um se engate nas suas escolhas, e não que todos escolham a mesma coisa. Falta uma liderança capaz de tocar na vergonha de cada um, e não no orgulho. Se não nos envergonharmos, continuaremos dizendo "não sou eu, é o outro". Comumente afirmamos que aquele brasileiro que faz coisas horrorosas, que estoura prazo, que não é simpático é o outro, e nunca nós mesmos. Temos de, por exemplo, parar com essa brincadeira de dizer "Imagine na Copa". Imagine quem? O brasileiro continua numa posição externa ao seu próprio país e à sua gente. É uma separação irresponsável. Temos de lançar o movimento do "Eu sim". Senão vai haver um seccionamento cada vez maior da sociedade e daqui a pouco seremos 200 milhões de grupos do eu sozinho. Por que essa coisa do Brasil Geni? O brasileiro faz do país sua Geni e com isso fica sem cidadania. Geni somos todos nós.

Nesse cenário, que papel cabe aos governantes?
Os países costumavam ser liderados por grandes homens, de Gaulle, Churchill, Getúlio Vargas. Eram grandes personagens, que concentravam neles a representação do país. Quando Charles de Gaulle morreu, ficou célebre a frase "A França ficou viúva". Diga-me se hoje a França poderia ficar viúva do François Hollande. Se amanhã Barack Obama morrer, não será possível dizer que a América ficou viúva – mas com Keneddy era possível. Hoje, pode até haver a pessoa, mas não há o trono para ela

ocupar. Então acho que os líderes atuais deveriam primeiro parar de consultar o marqueteiro que os elegeu, mas que não os mantêm no poder. O marketing da eleição é uma esperança, o do governo é uma presença. Uma coisa é esperar a viagem e a outra é estar na viagem. Ninguém viaja pensando na próxima viagem. Precisamos de um governo já, estamos sem governo. É preciso mudar. Não estou dizendo depor, estou dizendo mudar. O governo de um país moderno não governa um país que é pós-moderno.

Quem o senhor apontaria como exemplo de liderança?
Vou citar alguém que não vejo como um modelo propriamente, mas como um novo tipo de líder, que é o presidente do Uruguai José Mujica. Sua postura leva cada cidadão a se perguntar sobre qual sua cota de responsabilidade no laço social. Independentemente da minha apreciação ou não da sua política, é uma nova forma de liderança.

E qual a função da polícia nesse contexto de crise?
A população espera da polícia algo que ela não pode dar. Pedimos a proteção policial e, quando ela entra em cena, é criticada pela forma como nos protege. Nem nossos pais conseguiram nos proteger completamente, por que a polícia conseguiria? Se insistirmos nas coisas como estão, a população vai continuar sendo infantilizada, e a polícia massacrada. A proteção do homem não pode ser feita externamente. Essa obrigação tem que ser dada a cada um. O Bope e a Rota (polícias de elite do Rio e de São Paulo, respectivamente) reiteram a figura arcaica do pai protetor, aquele que vai resolver no meu lugar. Não vai. Não há contingente policial que vá dá conta da barbárie atual.

Há uma sensação de complexidade crescente. Como a psicanálise explica isso?
Cunhei um termo para explicar isso, que é o homem desbussolado, ou seja, sem norte. Vivemos a pós-modernidade, que é muito diferente da modernidade. Antes havia uma sociedade piramidal. Na família, as pessoas se orientavam pelo pai. Nas empresas, pelo chefe. Na sociedade civil, pela pátria. Esses três elementos foram deslocados na passagem dessas duas eras, que é marcada pela globalização. O pai não representa mais o caminho disciplinar a ser seguido. Nas empresas, há líderes de projeto que se alternam conforme a tarefa. Na sociedade civil, os mercados comuns sacudiram a noção de pátria. Saímos do vertical e entramos num mundo horizontal, em rede. Isso está acontecendo no mundo todo. O curioso é que, entre os povos ocidentais, quem melhor tem suportado essa transição é o brasileiro.

Por quê?
Sérgio Buarque de Holanda já dizia que a raiz do Brasil é a cordialidade. Nós damos crédito à amizade, por exemplo. Até para brigar. No Brasil, você só briga com os seus amigos, senão fica indiferente. E o grande afeto do mundo horizontal é a amizade. Nós não temamos a exposição nas redes sociais, não achamos que porque alguém sabe quem são meus pais eu vou ter minha intimidade invadida e me sentir péssimo. O brasileiro não se sente péssimo, ele acha graça. Sabe que mesmo que o outro saiba tudo isso sobre ele, na verdade não sabe nada dele. Ele pode se deixar viver a pós-modernidade mais facilmente.

Como fica a cordialidade quando há tantos crimes horrendos ocorrendo no país?
Ser cordial não é ser bonzinho. É não ser formal. Pense no uso que fazemos dos diminutivos: "Se eu me atrasar um pouquinho, você vai tomando um chopinho e comendo alguma coisinha ou então você me dá uma ligadinha" (*risos*). É a maneira de fazer tudo mais acessível, menor, próximo, uma vida que caiba na palma da mão. O que eu quero extrair dessa cordialidade não é a marcação que se faz de que somos legais, e sim dizer que este é o cimento do laço social brasileiro. Até mesmo a facção criminosa PCC é cordial. É uma fratria. Experimente trair os princípios dessa fratria.

Quanto aos crimes, são ações de pessoas doentes?
Esses fatos todos mostram que o ser humano é muito perigoso. Somos muito esquisitos e muito perigosos a nós mesmos. Não há mais explicações de causa e efeito. Mas já devíamos saber disso, afinal o filósofo Friedrich Nietzsche (1844-1900) explicou isso em 1870. Freud acompanhou esse pensamento, mas em dado momento pôs o pé no freio. O psicanalista Jacques Lacan (1901-1981) acelerou-o, dizendo que o real teria uma posição de supremacia sobre o simbólico imaginário. Bom, estamos nesse momento. E o real não é exatamente a realidade, mas aquilo que não tem nome nem nunca terá. O futuro não é uma projeção do presente, como foi para as gerações anteriores, o futuro é uma invenção do presente. Houve uma flexibilização da disciplina de modo geral e ainda não há uma resposta àquilo que foi desmontado. Só que, motivados pela angústia de não saber o que fazer, utilizamos respostas que não servem mais. E o problema continua e estoura de maneiras assustadoras: meninas que cortam os braços, pais que matam os filhos, filhos que matam os pais, sempre nessa característica de curto-circuito,

como se fossem atos cometidos durante ataques epiléticos. Nesse sentido, todo mundo precisa saber que é epilético. Em vez de dizer "você é e eu não sou", saiba que você também é e todos nós somos. E, portanto, todos deveriam se precaver porque também são capazes de fazer. As ameaças têm de ser tratadas de maneira mais séria. Se em vez de tentarmos descobrir qual a doença que levou fulano a fazer tal coisa pensarmos que não há uma doença que explique aquilo, as pessoas aumentarão sua responsabilidade frente a todas as coisas.

Mas as pessoas parecem seguir o caminho oposto, de tentar desvencilhar-se cada vez mais das responsabilidades. Sim, das responsabilidades padronizadas, da norma e do código. Mas há um tipo de responsabilidade da qual ninguém escapa. Veja o amor, que passou por uma mudança muito grande. Antes, o amor era intermediado: estou com você porque prometi na igreja, ou prometi para o seu pai, ou por causa dos nossos filhos, enfim, sempre uma terceira razão. O que existe hoje é um amor direto: estou com você porque eu quero estar com você. Esse novo amor, não explicado, direto, é o principal elemento que vai legitimar um novo laço social que vai levar a modificações importantes, tais como racismo. A nova geração é muito mais responsável nesse sentido do que as anteriores – embora as anteriores fossem muito mais responsáveis sob o ponto de vista do cumprimento das normas. A questão é que as pessoas precisam ter uma responsabilidade maior frente ao seu desejo. Na medida em que diminuímos a expectativa de explicar o amor, aumentamos a responsabilidade frente a esse sentimento. É um novo amor. A globalização chegou, criou uma bagunça monumental e estamos correndo atrás para tentar ocupar esse novo mundo. Isso significa rever todos os nossos critérios: de amor, de educação, de justiça. Não se trata de reformar o Judiciário, e sim de reinventá-lo. A psicanálise foi reinventada.

Como assim?
Antigamente, o paciente vinha se tratar para tentar saber mais de si, para ter uma ação mais garantida, fazer menos besteiras. Só que a subjetividade da pós-modernidade é diferente. Hoje, eu tenho de dar condições ao meu analisando para que ele tome decisões baseadas no não saber, e não na expectativa de saber mais. Vou mexer no botão da angústia e transformar a angústia paralisante em angústia criativa, como se transformasse o colesterol ruim em bom. Mas a angústia não deixa de existir.

O senhor diz que o mundo olha para o brasileiro como modelo de pós-modernidade. O que temos para mostrar?
Todos estão apavorados, numa sensação de salve-se quem puder. Pais me procuram dizendo que não entendem seus filhos, pessoas de cinquenta anos sofrem revezes profissionais e não sabem mais o que fazer, casais querem ter filhos, mas não sabem quando nem como... E o brasileiro é alguém que historicamente sabe conviver com a variação de padrão. O tal do jeitinho significa que por meio da amizade é possível encontrar uma outra forma de fazer as coisas. Isso era malvisto até pouco tempo atrás, mas hoje tornou-se fundamental. Suponha que você trabalhe em uma empresa e fique sabendo de uma vaga. Há dez anos você diria: "Olha, conheço um cara incrível para essa vaga e estou falando isso não é porque ele é meu amigo". Hoje você diz: "E além de tudo o cara é meu amigo". A amizade virou uma chancela.

Isso quer dizer que a meritocracia ficou em segundo plano?
Não exatamente. O mérito é o óbvio, é genérico. A amizade é um algo a mais que só o afeto dá. Entre duas pessoas de nota oito,

eu vou contratar o amigo do fulano. E o cara que contratou o seu amigo sabe que você será a primeira a falar caso ele pise na bola. Sabe aquela coisa "Vê se te manca, eu te trouxe nesta festa, não vá tomar porre"? Isso conta muito.

As pessoas se vigiam umas às outras?

Não, as pessoas não se vigiam, elas se necessitam. Vigiar é seguir um conjunto de normas do que é certo e do que é errado, algo de uma sociedade moralista. O que eu entendo é que temos necessidade uns dos outros porque o ser humano se inventa a partir do contato com o outro. "Eu necessito do outro para saber de mim". Por exemplo, antes mesmo de nascermos, nossos pais já haviam formado uma imagem a nosso respeito. Quando crescemos um pouco, tornamo-nos escravos da expectativa do outro, que tem origem nessa expectativa de nossos pais. Será que fui bem? Será que deu certo? Será que estou legal? Você me ama? Cheguei na hora certa? Não estou incomodando? Você está bem? São infinitas formas que nós temos de saber se estamos correspondendo ao que foi esperado de nós. O problema é que a gente nunca corresponde, e não só porque não sabemos corresponder, mas também porque aquele que espera algo da gente também não sabe bem o que quer. No processo de análise, descobre-se que o outro de quem você ficou escravo tentando dar uma resposta não sabe de você. Isso significa que você não pode mais pedir desculpas e, portanto, tem de se responsabilizar pelos seus atos.

Isso deve ser libertador.

Não é. Porque no dia em que você descobre isso, percebe que está sozinho. Quando a gente descobre que o outro não sabe nada a nosso respeito, não podemos mais pedir desculpas. Temos, portanto, de nos responsabilizar por nossos atos, não estamos mais em função do outro. Há um paradoxo que ilustra isso. Quando alguém que eu amo está longe, então não me falta nada, porque eu preencho o que falta com a fantasia. Por isso os homens se fascinam com o olhar feminino vago. Ele permite que exista um encontro com aquilo que lhes falta. Por outro lado, quando estamos junto de quem amamos é quando mais notamos esse algo que nos falta. E sempre irá faltar. É o que Roberto Carlos canta em *Outra Vez*: "Você é a saudade que eu gosto de ter".

13 VERDADES MENTIROSAS

Como será um mundo baseado em uma verdade incompleta, por ser impossível de dizê-la toda, e não por verdades trancadas a sete chaves, hoje, escancaradas pela era digital?

WIKILEAKS É O NOME DO MOMENTO. Essa palavrinha, quase impronunciável, mistura de havaiano com inglês, quer dizer algo como "vazamentos rápidos". E foi mesmo o que aconteceu: vazamentos rápidos de papéis governamentais, em especial, dos EUA, levando o WikiLeaks, às primeiras páginas dos jornais. Polvorosa mundial com direito a prisão do australiano de nome francês, Assange, dono do site. Claro que por razões puramente sexuais, assim tentaram explicar, e não pela fofocagem diplomática revelada. Como sempre, lá vieram as mentes brilhantes querendo impedir o acesso ao site, fazendo o cerco da internet. Querem prender a internet!

O episódio WikiLeaks vem na sequência de outros semelhantes, tais quais as tentativas de leis restritivas a *downloads* de música, ou de filmes, e antecede o próximo fato ainda não anunciado, mas logicamente previsível. Temos que nos deparar com o óbvio: há uma nova forma de laço social inaugurada pela revolução da informação, que necessita ser legitimada e não a continuar ser jogada debaixo da cama das velhas soluções, do gênero das aqui referidas. Nessa nova forma, não haverá segredos escritos que resistam. "Escreveu, o outro leu!" é a nova regra.

Ah, então quer dizer – como se anda comentando – que estaríamos vivendo a era da transparência total? Engano. Seria transparência se tudo o que pudesse ser visto, se tudo o que se publicasse fosse verdade. O paradoxo é que ocorrerá exatamente o contrário: tudo, *a priori*, será mentira e as pessoas ficarão tontas correndo atrás da verdade. Até hoje a verdade tinha um selo de garantia de quem a pronunciava. Por exemplo, ao falarmos "revela-se um segredo de Estado", era o Estado que afiançava a verdade do segredo, que o possuía. Hoje, no emaranhado da rede cibernética, não há uma pessoa, ou uma instituição para afiançar o que aí circula na velocidade da luz.

Isso inaugura um novo tempo, nesse caso específico, de fazer política, alterando a relação do público e do privado. Público era o que todo mundo sabia, enquanto privado era o de conhecimento de poucos. Agora, cada vez mais a partição se dará entre o que é cifrável, ou seja, o que é passível de ser representado por uma cifra, uma letra, um número, e o que resiste a qualquer tipo de simbolização. Em psicanálise, com Lacan, esse ponto fundamental de intimidade, impossível a ser simbolizada, foi chamado de "êxtimo". Nós, humanos, não teríamos uma intimidade, mas uma extimidade, uma vez que se trata de uma intimidade estranha à própria pessoa. Esse ponto, como cantaram os poetas, "não tem nome nem nunca terá", e, no entanto, é fundamental, nele se decide uma vida. Quem faz análise sabe a que estou me referindo. Um analisando passa muito tempo tentando descobrir onde pode ancorar o seu barco, onde pode amarrar a sua égua, como se diz no popular. Nessas tentativas, vai passando em revista, sessão após sessão, às mais diversas bússolas. Vai-se dando conta, uma após a outra, que nenhuma é suficientemente boa para lhe garantir o caminho certo, que sempre há um Norte que escapa, seja por incompletude, seja por relativismo. A conclusão do trabalho de análise fina de muitas possibilidades é uma mudança paradigmática, na expectativa de se garantir no Outro da linguagem, suposto juiz das verdades.

Como será um mundo baseado em uma verdade incompleta, por ser impossível de dizê-la toda, e não por verdades trancadas a sete chaves, hoje, escancaradas pela era digital? Começamos a desenhar seu esboço, mas estamos longe de termos um mapa claro e definido. O que podemos por enquanto deduzir, é que a taxa de pessoalidade vai aumentar, entre todos, não só os amigos, mas em qualquer tipo de parceria. Paulatinamente, o ideal das relações assépticas, supostamente científicas, limpas de qualquer afeto abrirá espaço para o cara a cara, ao olho no olho, ao cada um por de si. Já é assim nas redes sociais; nelas não se fala por meio de intermediários, de embaixadores porta-vozes, e, sim, diretamente. Nossa época aponta à diminuição dos intermediários em todos as áreas do convívio, o que é seguramente muito interessante para a experiência humana.

14 A CHEGADA DO CAMALEÃO

Ser camaleão é estar pronto para todas as circunstâncias.

ESTAMOS NA ÉPOCA DAS GRANDES FEIRAS INTERNACIONAIS DE LIVROS: Bolonha, Londres, Nova Iorque. Isso proporciona um quadro das tendências literárias daquilo que vai se publicar, do que "o povo quer saber", como se fala em política populista. Um dos principais ecos que se faz ouvir é *Camaleão*. Parece que vão chover capas de Camaleão. Uma grande *publisher*, frequentadora dos melhores agentes da área, me explicou a metáfora. Não é que haja uma repentina devoção pela besta pré-histórica, mas pelo que ela sempre representou: alguém que se esconde ao parecer igual ao meio onde se encontra. Como diria o Gilberto Gil: "Está na cara, você não vê". O foco não é bem o se esconder – essa é a velha leitura –, mas é a incrível capacidade de adaptação à paisagem desses animais agora invejados.

Se comportar como um Camaleão, até pouco tempo atrás, era muito malvisto. Queria dizer de uma pessoa que não tinha personalidade, uma Maria-vai-com-as-outras, que não sabia o que queria e que, por isso, mendigava pequenos afagos se fazendo o mais igual possível ao que dela era esperado. Esse tipo de atitude recebia até xingamento extraído da classificação biológica: "Você se comporta como um réptil!".

O que era um vício vai virar virtude? Como entender? Ocorre que o mundo mudou. Na época em que valorizávamos o ser sempre igual, independentemente da situação, a sociedade era uma sociedade vertical, ou seja, com padrões ideais superiores que geravam uma organização social em pirâmide. Ficou famosa essa padronização, por exemplo, na proposta de Abraham Maslow, em um velho artigo de 1943 *"A Theory of Human Motivation"*, retomada em seu livro de 1954, *"Motivation and Personality"*. Vem dali o que se habituou chamar a "pirâmide de Maslow". Modelo que curiosamente ainda faz sucesso nas discussões empresariais, desprezando o fato que o mundo de hoje é muito distante daquele de setenta, sessenta anos atrás, que uma revolução paradigmática ocorreu e que de pirâmides só sobraram as do Egito, as do México e a do Louvre. Mas essa é de vidro, não sei se deveria estar aqui.

Pois bem, quando o mundo é padronizado, hierárquico, faz sentido a rigidez comportamental, pois é a forma de se estar o mais próximo do topo da pirâmide escolhida para subir. No entanto, quando não existem mais pirâmides, quando a sociedade se faz em redes múltiplas e mutantes, o rígido não chega nem no primeiro degrau, quebra antes. Ser então Camaleão é estar pronto para todas as circunstâncias. Nada a ver com a recém-criticada moleza de índole, mas com a inteligência de saber a cada instante a melhor maneira de passar no mundo a sua singularidade. Não se deve confundir singularidade com particularidade, tantas vezes usadas como sinônimos. Essa, a particularidade, como indica o nome, é parte de um todo; a singularidade, por sua vez, "ex-iste", como escrevia Lacan, "fica fora", e por isso exige um trabalho criativo de inscrição no mundo. Criativo e responsável, pois por ser inusitada, sem lugar anterior, o primeiro responsável por ela tem que ser você.

Os camaleões não terão uma vida fácil. A começar do fato que deverão saber desde o início que a vida não tem piloto automático e que correções de rumo são necessárias a cada momento. Segundo, as bússolas do mundo globalizado não chegam nem aos pés das do mundo anterior, que atingiram o seu ápice nos atuais GPS. Ainda está por se criar o GPS da pós--modernidade, nela, ainda estamos na pré-história, mais uma boa razão da comparação com os répteis. O homem pronto a todas as circunstâncias está muito longe da fotografia daquele senhor empinado, de relógio de bolso, bigode, vaselina no cabelo, e um monte de filhos sentados a seus pés. E também da senhorinha sua mulher, gorda, cheia de roupa rodada bege, leque na mão, e olhar perdido de bondade angelical. A globalização balançou todas essas certezas. O Camaleão vai ter que se guiar por algo pouco claro aos outros, e também a si mesmo, que os psicanalistas chamam de seu desejo, que se articula com o seu gozo, mas aí complicaríamos muito. Basta dizer que estamos na época da Ética do Desejo e que esta não se adéqua a qualquer moral pré-moldada. Temos muito a festejar um tempo que retomou em suas mãos o futuro, fazendo dele não mais uma projeção do presente, mas uma invenção. E que venham os livros e os Camaleões!

15 O BANCO INCOMPLETO

> As empresas ocupam hoje um lugar de edição da cultura que era antes dos Estados.

AS EMPRESAS OCUPAM HOJE um lugar de edição da cultura que era antes dos Estados.

Imaginem vocês se um dos maiores bancos do país, ao invés de fazer uma campanha monumental anunciando "o banco completo", tivesse anunciado, ao revés, "o banco incompleto". Viram o efeito? Vem um sorriso aos lábios, ao afirmarmos "incompleto". O banco, ao se dizer completo, provavelmente buscava transmitir a competência para responder a todas as necessidades do seu cliente. Isso se soma à habitual sisudez com que os banqueiros capricham em se apresentarem completos, visando transmitir correção moral, tanto pessoal quanto empresarial.

Agora, vamos ao incompleto. Imaginemos se uma grande empresa em vez de transmitir o ideal da completude, testemunhasse, ao contrário, o óbvio de que nada na vida, nem instituições e tampouco pessoas são completas. Nesse caso, a frase – um banco incompleto – teria o efeito de uma interpretação. "Se até meu banco é incompleto, imagina eu então!". De fato, somos todos incompletos, consequentemente, somos seres desejantes. O desejo só se dá em decorrência de uma falta. Tentar vender a ideia de solidez pode funcionar por um certo tempo, mas é uma falácia. Legitimar o incompleto, o lugar do desejo, é um serviço a mais que uma empresa pode e deve fornecer.

Na mudança de época que atravessamos, na passagem de um mundo orientado verticalmente – em casa, pelo pai; no trabalho, pelo chefe; na sociedade civil, pela pátria – para um mundo horizontal, nesse novo planeta, nessa TerraDois, as empresas passaram a exercer um papel importante de edição de cultura, antes realizada pelos Estados. Basta citar nomes como: Tesla, Apple ou Facebook que nos ocorrem ao espírito imagens diversas de maneiras de ser.

Foi por esse novo papel das empresas que a Dinamarca, em 2017, chacoalhou o tradicional meio diplomático, ao anunciar a criação de uma embaixada em Palo Alto, junto às companhias do Vale do Silício e não junto a um país. Causou efeito em ambos os lados. Os outros países se surpreenderam e os líderes das empresas ficaram desconfiados. O primeiro embaixador nomeado, Casper Klynge, relatou a extrema dificuldade que teve em ser recebido por Mark Zuckerberg e seus similares. Um chá com a Rainha da Inglaterra teria sido mais fácil de combinar.

Não será com modelos congelados de processos, hierarquia, *coach*, protocolos, *compliance* que as empresas ocuparão o seu lugar em TerraDois. Todo o contrário. É necessário prescrever injeção de incompletude na veia. Só assim, não temendo o contrato de risco do desejo humano, na vida pessoal e no trabalho, é que se fica à altura de dois movimentos primordiais na pós-modernidade: Invenção e Responsabilidade.

Diante disso, temos duas possibilidades: ou a genérica qualidade de vida, ou a singular vida qualificada. Escolha.

16 A SABOTAGEM E A INTELIGÊNCIA ARTIFICIAL

Será que seremos ultrapassados pelas máquinas inteligentes?

OS HOMENS SERÃO ULTRAPASSADOS PELAS MÁQUINAS? Há três grupos de resposta para isso.

Sabotagem. Essa palavra, hoje corriqueira, nasce no século XIX, na revolução industrial. A origem é do francês *sabot*, nome dado àquele sapato de madeira que os operários usavam, por vezes chamado de "tamanco holandês".

Ocorre que, nessa revolução industrial, assustados pela possibilidade de perderem seus empregos com o advento das máquinas de tecelagem, os operários jogavam seus *sabots* no maquinário, causando sérios danos a seu principal inimigo, a máquina.

O economista austríaco Schumpeter, referência fundamental em sua área, nomeou de "destruição criativa" esse processo inevitável que faz com que a criação de algo novo seja acompanhada da destruição do que havia anteriormente. Isso é aplicado a produtos, a profissões, a modos de vida em geral. O novo telefone celular envelhece o anterior; o robô substitui a atendente; a diversidade sexual sacode a tradicional família.

Agora, a grande questão que mobiliza os mais antenados é quanto ao efeito da inteligência artificial sobre a subjetividade humana. Será que seremos ultrapassados pelas máquinas inteligentes? Vamos nos tornar cães labradores de robôs, como teme Elon Musk?

As respostas a essas inquietações se dividem em três grandes grupos, todos os três se investindo de excelentes representantes: os biodefensores, os pós-humanistas e os transumanistas.

O primeiro grupo, de biodefensores como Francis Fukuyama e Michael Sandel, defende que é muito perigoso continuarmos as pesquisas tecnológicas, e que essas deveriam ser reguladas e freadas em seus avanços, por colocarem em risco nosso futuro como espécie. O problema, nesse caso, é fazer com que uma China, ou uma Coreia, respeitem os limites acordados. Quase impossível.

O segundo grupo, que conta com Ray Kurzweil e Peter Diamandis, ambos da tão em moda quanto polêmica Singularity University, coincide com a ideia que as máquinas vão ultrapassar o humano e que uma nova raça está nascendo – só que, à diferença dos biodefensores, eles acham que isso é o máximo e que, com a máquina, excluídos os aspectos biológicos, seremos finalmente eternos.

Quanto ao terceiro grupo, o dos transumanistas como Luc Ferry e Laurent Alexandre, sua ideia é que o humano jamais será ultrapassado, por não ser possível transformá-lo integralmente em dígitos. O tempo atual da pós-modernidade, nossa TerraDois, exigirá que nos aperfeiçoemos na interface "humano-inteligência artificial". A palavra do momento é "complementariedade".

Teremos, cada vez mais, em TerraDois, que exercitar a complementariedade homem-tecnologia. Inúmeros empregos deixarão de existir. Outros muitos estão surgindo. O problema é nos educarmos rapidamente em novas bases, sem sabotagem. É assunto para uma conversa futura.

17 LIDERANÇA DEVE PROMOVER A CRIATIVIDADE

> Angústia na psicanálise é igual a colesterol na clínica médica. Não dá para tirar o colesterol ruim da pessoa, mas dá para transformar a angústia ruim em boa.

Adriana Sales Gomes e Sandra Regina da Silva entrevistam Jorge Forbes. **Revista HSM.**

EM 2003, O PSICANALISTA JORGE FORBES LANÇOU UM LIVRO intitulado Você quer o que deseja? Como um dos maiores especialistas mundiais em psicanálise lacaniana, ele relatou uma série de casos que comprovam o que o psicanalista francês Jacques Lacan sempre disse: nada que alguém possa querer será suficiente para satisfazer seu desejo. A obra chamava a atenção para um assunto que Forbes aprofundaria em vários artigos e, mais recentemente, em 2017, na série TerraDois, exibida pela TV Cultura de São Paulo – a passagem da era moderna para a pós-moderna. "Estamos vivendo em um mundo pós-moderno nos últimos 50 anos e é preciso que as pessoas tomem posse logo dele", afirma Forbes a HSM Management.

Nesta entrevista exclusiva, Forbes discute as características pós-modernas que o ambiente empresarial deve incorporar para ter êxito, envolvendo o trabalho, as relações e o mundo digital. Ele crê que um dos primeiros e principais vetores das mudanças necessárias é a liderança, mas reconhece que a maioria dos executivos, formados em padrões da modernidade, têm dificuldade para se transformar. "Ainda não entendemos que passamos por uma revolução no laço social humano nunca antes vista", diz Forbes. Uma das inspirações para acelerar tais mudanças pode ser o tipo de inovação social realizada no Brasil (embora não nas empresas brasileiras), algo de que o especialista canadense em estratégia Henry Mintzberg já falou algumas vezes. Forbes não tem dúvida: a inovação social é mais importante para os negócios do que a inovação tecnológica do Vale do Silício.

Há empresas que dizem achatar hierarquias e atuar em rede, parecendo pós-modernas. Como você vê isso?
Vejo que as soluções continuam sendo verticais, apenas coloridas de simpatia humana. Muda-se uma ou outra cadeira de lugar, não a condição da gestão. As empresas precisam entender que há uma revolução em curso. Num primeiro momento, as pessoas ficam felizes porque passam a ter escolhas, resultado da despadronização; depois, ficam apavoradas com isso. Estamos vendo agora o recuo dessa felicidade. O indivíduo acha maravilhoso ter escolhas até ter de escolher algo, o que leva à perda do que não foi escolhido. Então, vem a angústia, e ele vai se apoiar em livros de autoajuda ou em neoreligiões. O certo seria entender como esta nova época funciona, para que pessoas e empresas não fiquem maquiando problemas.

Como é o mundo pós-moderno, a TerraDois?
É como se tivéssemos mudado de planeta. Ele é geograficamente igual ao anterior, mas se olhar como as pessoas vivem é totalmente diferente. Ninguém nasce ou cresce do mesmo jeito, ninguém anda, casa, estuda, trabalha, aposenta-se ou morre como antes. Temos de reaprender tudo. Dou exemplos dos dois extremos. No nascimento, temos a engenharia genética selecionando embriões – é um mundo em que pais surdos escolhem ter um filho surdo, por exemplo. E, para a morte, há um cardápio: eutanásia, ortotanásia, distanásia, suicídio assistido... O próprio Freud, em 1939, escolheu o dia e o momento de sua morte, combinado com seu médico, quando não suportava mais a dor do câncer no maxilar.

Darwin ficou ultrapassado em TerraDois. Ele entendia que haveria uma seleção natural das espécies, com os animais mais adaptados sobrevivendo. Hoje há a seleção artificial das espécies, com as correções que fazemos no organismo para melhorar a performance, do uso de próteses à correção da glicemia no diabetes. Com a aceleração geométrica dos recursos oriundos do mundo digital, como nanotecnologia, biotecnologia, informática, cognitividade, vai se acelerar muito a "melhoria" do organismo humano. Um dia, em vez de remédios para memória, teremos um chip implantado no cérebro com memória de inteligência artificial.

Que diferenças de TerraDois afetam as organizações?
A diferença fundamental entre TerraUm e TerraDois é que a primeira é uma sociedade verticalizada, enquanto a segunda é horizontalizada. É uma diferença imensa. O modo de ser de uma época é chamada de período ético (o termo grego *ethos* é a disciplina que estuda o caminho do comportamento). Nos últimos 2,5 mil anos, tivemos três períodos éticos e, agora, vivemos

o quarto. As três primeiras éticas mudam a transcendência, mas não a arquitetura: são todas verticais, padronizadas. Já a era atual muda de transcendência e de arquitetura. É uma sociedade em rede, sem padrão. Isso abre espaço para a criatividade e, ao mesmo tempo, leva a mais responsabilidade. Se diante do padrão temos de ser disciplinados, diante do criativo precisamos ser responsáveis. Quando vemos os julgamentos de Nuremberg dos assassinos nazistas, todos se diziam inocentes, porque eram disciplinados e cumpriam ordens da organização maior. Alguns foram inocentados até. É o mesmo argumento usado pelos réus da Operação Lava Jato, de que agiam conforme as regras do sistema. Isso não é mais aceito. Estamos em uma sociedade que é menos padronizada e mais criativa. Agora, é preciso dizer que a criatividade demora para ser reconhecida e isso gera muita angústia.

Você pode dar exemplos de soluções pós-modernas para problemas de negócios atuais?
Dou dois exemplos. Um CEO brasileiro de uma multinacional francesa é tratado com desdém pelo CFO (executivo-chefe de finanças), que é da França mesmo. Para ser aceito por ele, o brasileiro decide convidá-lo para um almoço. O brasileiro levaria o francês a um dos mais caros restaurantes de Paris, se seguisse o comportamento típico de TerraUm, para impressioná-lo, agir conforme a hierarquia e o dinheiro. Mas, aconselhado por um consultor, desiste de fazer isso. Descobre-se que o CFO é egresso da Escola de Sociologia e Política de Paris. Então, o almoço é marcado num restaurante muito antigo e simples, onde costumam ir professores dessa Escola, e que o CFO deve ter frequentado. O CEO marca o encontro na entrada da Escola, que é bem perto do restaurante. O consultor também sugere ao CEO que pergunte ao colega sobre como era a instituição no fim

da década de 1960, especialmente em 1968, período em que a frequentou, o que mostra que valoriza a formação do CFO. O fim da história é que o roteiro foi seguido e os dois se transformaram em melhores amigos. Esse é um exemplo banal, mas cheio de importância. O que as pessoas querem é ser conhecidas por suas histórias singulares, não pela hierarquia.

O segundo exemplo vem de uma multinacional de produtos de higiene e limpeza que, 20 anos atrás, teve acesso a alguns documentos meus sobre a mulher na pós-modernidade e usou seus princípios na campanha do lançamento de uma grande marca de detergente de lavar roupa. Queria falar com a mulher que tem independência política e econômica, passando a mensagem de que ela não precisava mais se preocupar em lavar roupa, porque o produto faria isso por ela. Deu-se mal e veio me consultar sobre o que houve. Simples: é quase um insulto afirmar que uma mulher é "autorizada" pela existência de um detergente. Isso ocorreu porque a empresa absorveu minhas palavras como um modismo; ela não acreditou nisso realmente. Sabemos que não acreditou, porque as mulheres que atuavam ali não passaram a ser respeitadas em sua independência política e econômica. E ficou visível.

Já há empresas que se mudaram para TerraDois?
Todas as empresas terão de fazer essa passagem mais dia, menos dia, mas ainda há poucas empresas em TerraDois. Em geral, seus líderes reúnem 16 características principais (veja quadro na página seguinte). Por exemplo, preocupam-se menos com status e mais com estilo. "Status" é a determinação de uma importância superior em relação aos outros; já estilo é algo singular, e não comparação. Se o líder moderno queria mostrar seu relógio Rolex nas festas, o pós-moderno considera "babaca" fazer isso.

A TRANSFORMAÇÃO DA LIDERANÇA

Líder moderno	Líder pós-moderno
É hierárquico e vertical, como sua organização	Compartilha e é horizontal, como sua organização
Atribui notas	Atribui responsabilidades
Controla e dirige	Inspira e entusiasma
Tem status	Tem estilo
Vale-se da razão asséptica	Vale-se da razão sensível
Privilegia as exatas	Privilegia as humanidades
É atento ao principal	É conectado ao geral
Estimula a eficiência	Estimula a criação da diversidade
Comunica	Envolve
É moralista	É ético
Assegura-se nas verdades	Convive com as ambiguidades
Busca o lucro no mundo	Associa o lucro com a construção do mundo
Acredita que o cliente é rei	Acredita que o cliente é cidadão
Avisa os perigos, é precavido	Incentiva a inovação responsável
Patrocina cultura	É editor de cultura
Projeta o futuro	Inventa o futuro

Fonte: Jorge Forbes/ToF Consultores

    Quanto à razão asséptica do líder moderno, isso nos leva ao Brasil, que passa por uma lavagem imensa de sua forma de operar. As piores empresas, as que sempre foram corruptas, impuseram um modelo de gestão de mea culpa. Se puderem, vão instalar uma câmera em cada departamento da empresa, verificar as contas dez vezes, fazer os funcionários viajarem para o exterior de classe econômica e justificarem todas as despesas, achando que isso é transparência. Bobagem. A grande questão na pós-modernidade é que a pessoa não pode ser regida pelas expectativas do "outro". Essa febre de bom-mocismo das empresas não se sustenta. Por exemplo, a carta do (CEO) Marcelo Odebrecht falando da lisura de sua empresa não se sustentou: pouco tempo depois, ficamos sabendo que ela tinha um prédio só dedicado a falcatruas. A ideia da assepsia da razão é falsa; o pós-moderno vem incluir o afeto na razão.

Veja, antigamente o correto era indicar uma pessoa para trabalhar numa empresa, ressaltando seus atributos como profissional. Costumava-se dizer: "Não é porque conheço...". Hoje, o discurso já é o de citar os atributos profissionais e destacar: "Eu conheço, é meu amigo". A amizade é o grande afeto de uma sociedade horizontal. Será que o Brasil pode ter vantagens nesse contexto pós-moderno? Sim. O curioso é que o brasileiro sempre acha os países nórdicos ótimos, nos quais a assepsia das relações é a tônica. O modelo da vanguarda mundial, na verdade, é o Brasil. Nós exportamos o modelo do laço social para a pós-modernidade. Agora, apesar de praticarmos isso, ainda não entendemos que não se trata de uma brincadeira. É incrível que as empresas brasileiras, em vez de criar seus modelos com base em nossa cultura, buscam copiar a forma de funcionamento das norte-americanas. São ignorantes e acovardadas! O problema é que nós não nos legitimamos. Em TerraDois, a razão sensível é que tem importância. Veja os políticos: os que são identificados com a razão asséptica perdem a eleição para os da razão sensível. (José) Serra perdeu para Lula – obviamente que não foi só por isso, mas esse foi um fator. Tratou-se de um erro na campanha do Serra. O povo brasileiro é pós-moderno. Até que ponto o sebastianismo luso-brasileiro não sabota isso? De fato, temos um modo de ser infantil, por sempre esperar que o outro resolva nossas mazelas. O Brasil, como qualquer organismo social, é vivo e contraditório. Mas, de outro lado, o Brasil e o brasileiro têm, há muito tempo, flexibilidade e horizontalidade no laço social. Repare que o brasileiro não se assusta com globalização, nem com a pós-modernidade. Há muito ele desconfia das hierarquias e das tradições. Não é à toa que nós mal conhecemos o nome de família das pessoas, que estabelecemos uma intimidade imediata com os outros, que falamos de nós mesmos com bastante facilidade. A vantagem brasileira realmente já existe, resta incorporá-la. O que as empresas brasileiras podem fazer para incorporá-la? Vale para as empresas uma recomendação de Goethe, da qual Freud gostava muito. Goethe dizia: "Aquilo que herdaste de teus pais, conquista para fazê-lo teu". As empresas brasileiras herdaram do jeito de ser brasileiro a vantagem de saber trabalhar e produzir no laço social horizontal, criativo, flexível. Falta se apoderar dessa característica e desistir da cultura do vira-lata – os meus problemas só o outro consegue resolver. As empresas precisam finalmente descobrir que já temos no Brasil a característica mais importante da globalização – e usar isso a seu favor. Você fala no líder pós-moderno, mas algumas organizações que se horizontalizam sugerem a ideia de abolir líderes... Como não querem perder o bonde, as empresas fazem dois tipos de tentativas de passar de TerraUm para TerraDois: o superficial, que é adequar-se a certos modismos atuais; e o real, de mudar a estrutura de vertical para horizontal. No modismo, a mudança acontece só na aparência: os gestores mudam os nomes dos cargos, rebatizam o código de conduta como código de ética, mostram que são radicais com esse discurso de abolir líderes, mas não criam realmente mecanismos de correção dos comportamentos. Não havendo mudança estrutural, não adianta nada. A pós-modernidade tem muito a ver com individualismo.

Como explicar a ascensão da colaboração e da equipe?
A colaboração é uma característica da pós-modernidade. Na medida em que perde o anteparo dos padrões verticais, típicos do mundo anterior, você passa a valorizar as relações horizontais típicas da pós-modernidade, de amizade, do trabalhar junto. Era esperado que a chegada da pós-modernidade reforçasse as amizades e o mundo colaborativo – e isso se confirmou. Acho um erro pensar que a valorização da equipe ocorre em detrimento do indivíduo. Nossa identidade se realiza na articulação, na parceria, no trabalho conjunto. Então, não é que o indivíduo desapareça no grupo, mas quase o contrário: o grupo cria possibilidades de que cada indivíduo apareça, exista.

O que você mais destacaria nas características da nova liderança?
Eu destacaria a importância da diversidade. O líder moderno estimula eficiência – ser cada vez melhor na mesma coisa – e o pós-moderno privilegia a criação da diversidade. As empresas falam muito sobre diversidade, porém é mais para fora do que para dentro. Sabe por quê? Diversidade traz angústia, o tempo todo. Como eles não sabem lidar com angústia, querem acabar com ela. Angústia na psicanálise é igual a colesterol na clínica médica. Não dá para tirar o colesterol da pessoa, mas existe colesterol bom e ruim, e temos de transformar o ruim em bom. Também não dá para tirar a angústia das pessoas, mas dá para transformar a angústia ruim em boa.

Qual é a diferença entre as duas angústias?
A angústia ruim é aquela que se defende no medo. Eu fico angustiado, com medo, e isso me leva a me petrificar em soluções que um dia foram válidas para mim. Portanto, vou para trás, num movimento reacionário. Várias empresas estão agindo assim, dando marcha a ré. A angústia boa é a que vira criatividade. No entanto, criatividade aumenta o risco. As empresas vão ter de decidir se vão arriscar errar em curto ou longo prazo. Se decidirem não arriscar, podem ter certeza de que vão errar no longo prazo. Aquelas que não estão se revendo agora vão durar um pouco mais e explodir mais adiante. Outras que estão se revendo agora podem até morrer mais cedo, mas também são as que podem dar saltos inacreditáveis. Estamos vendo empresas maduras comprando *startups* para se arriscar, como fez o Banco Itaú quando comprou a XP Investimentos. Isso equivale a levar para dentro de casa um incômodo – pode irritar. Mas acelera a mudança. Vamos ver quem vai mudar quem... Se a XP conseguir mudar o Itaú, e não o contrário, será um avanço.

Entre as características da pós-modernidade que você aponta, há a substituição da moralidade pela ética. O que quer dizer?
Os processos empresariais estão asfixiando as empresas. Os mecanismos de *compliance* em uso são policialescos e dão uma falsa tranquilidade para as empresas, porque o que funciona mesmo é fazer uma empresa ética. Na empresa com *compliance*, desse tipo, a pessoa não rouba por medo; na empresa ética, não rouba por vergonha. O medo pressupõe a presença do outro como observador; a vergonha é da pessoa consigo mesma e, assim, é muito mais efetiva do que o medo. Nova York não reduziu sua criminalidade pelo medo; foi pela vergonha. O planejamento que Nova York fez para deixar de ser a cidade mais perigosa dos

Estados Unidos transformou-a em uma das mais seguras sem usar qualquer princípio de segurança do confronto. Foi com uma política chamada de "Janelas quebradas", do cuidado com os pequenos detalhes da cidadania e não com fatos bombásticos. Sujar os vagões do metrô, por exemplo, passou a ser ridículo. A ridicularização é mais temível do que um fuzil AR-15. A empresa tem é de transformar o roubo em algo ridículo.

Também destaco aqui que, enquanto o líder moderno se assegura nas verdades, o pós-moderno se apoia nas ambiguidades. Se o primeiro só busca o lucro, o segundo tem de buscar o lucro e a construção de um mundo melhor. Mark Zuckerberg está descobrindo que, se não associar o lucro à construção do mundo, o Facebook vai para o espaço. Idem para o Travis Kalanick, fundador do Uber, que se deu mal por uma conversa mal colocada dentro de um carro. Em uma sociedade horizontal, as reações são outras.

Você acaba de fazer palestra em um evento da Unesco sobre inteligência artificial. O que é a IA na pós-modernidade?
A inteligência artificial, como, por exemplo, capacidade de o computador memorizar e articular dados, já ultrapassa a capacidade do nosso cérebro. Embora seja muito potente, ela deve ser chamada de "inteligência artificial fraca". A forte seria aquela inteligência capaz também de pensar sobre si mesma, uma capacidade exclusiva do ser humano. Sobre a possibilidade de um dia criarmos uma inteligência artificial forte, os pesquisadores se dividem. Alguns, os pós-humanistas, acham que isso só depende de uma melhoria tecnológica e que um dia os seres humanos virarão escravos dos computadores. Outros, os transumanistas, dizem que isso dependeria de uma mudança maior de paradigma, e que a máquina nunca vai ultrapassar o homem no sentido de ter consciência de si. Agora, eles acham

que será inevitável o homem aprender a trabalhar na interface com a máquina. E você concorda com os transumanistas... Se o ser humano for um ser essencial, nós seremos ultrapassados; se for existencial, não seremos. No animal, a essência precede a existência – a abelha sabe que é abelha e sua casinha é igual desde a primeira abelha do mundo –; no ser humano a existência precede a essência. Somos existenciais. Isso nos faz tremendamente criativos, porque nossa essência é vazia. Então, somos flexíveis, variáveis e criativos.

As empresas modernas acham que os funcionários precisam ser burros para ser eficientes, a ponto de algumas empresas proporem exercícios motivacionais a eles. Para se assegurar de seus objetivos, algumas tentam transformar os humanos em animais, inclusive. O filme "A marcha do imperador", que demonstrava a perfeita ordem dos pinguins de se orientar no continente branco, era exibido nas empresas com o ideal de disciplinar seus funcionários como pinguins. É da mesma linha daqueles que transformaram o filme policial brasileiro Tropa de elite em educativo. Militares do Bope eram chamados para explicar ordem unida aos funcionários, colocando os princípios militares de obediência como o ideal a atingir. É lamentável que isso tenha ocorrido e ainda ocorra em muitas empresas.

A principal qualidade do ser humano, existencial e não substituível pela máquina, é sua inteligência criativa. Quando uma empresa pensa que isso é um risco, está com seus dias contados.

Então, não é o caso de pensarmos em competir com as máquinas, certo?
Há, sim, uma competição. E a inteligência artificial já nos venceu na área de exatas, justamente a área que o líder moderno privilegia. Não adianta ficar insistindo nisso para competir com as máquinas. O ser humano tem de insistir no que a inteligência

artificial não faz. O líder pós-moderno aciona sobretudo as humanidades. Tem inclusive gente boa insistindo em competir nas exatas, mas é um erro. Elon Musk (CEO da Tesla Motors) criou a Neuralink com o objetivo de preparar nosso cérebro para se conectar com a inteligência artificial e competir aí. Nessa frente, vamos perder de qualquer jeito. Um radiologista experiente, por exemplo, pode ter visto 25 mil radiografias, enquanto uma máquina pode ter tido acesso a 2 bilhões. A máquina é imbatível nesse campo.

Por essa disposição de criar e de correr riscos, *startups* como as do Vale do Silício são as organizações pós-modernas por excelência? O Vale do Silício pode ser um vale do silêncio no que diz respeito à inteligência humana. Isso porque o Vale não está fazendo quase nenhuma reflexão sobre a subjetividade humana. Precisamos da subjetividade, temos que nos refundar completamente. Faço uma pergunta simples: se um carro do Google sem motorista atropela uma pessoa, quem será responsabilizado? É o engenheiro que fez o carro, seu passageiro, o presidente do Google? Não fica pedra sobre pedra do mundo moderno no qual as *startups* atuais operam. Acredito que estamos explorando um novo planeta e não sabemos muito ainda. Não há ainda muitos cientistas da pós-modernidade. Cada um vem descobrindo um pouco.

18 DIVERSIDADE OU RACISMO

Nossa identidade se constrói na relação com o outro, desde o nascimento, ao recebermos um nome de família.

ATÉ OS NOSSOS PAIS, O MUNDO ERA BEM MAIS SIMPLES. Tudo acontecia no modelo dualista do branco ou preto. Ou trabalho, ou descanso; ou homem, ou mulher; ou certo, ou errado; ou rico, ou pobre; ou tradicional, ou rebelde; ou bonito, ou feio.

E o mundo era assim porque o laço entre as pessoas e com elas mesmas se organizava em torno a poucos e fortes padrões verticais de comportamento, que fabricavam essas dualidades maniqueístas. Aí, fomos acometidos pelo tsunami da revolução tecnológica, em especial a criação da *web* nos anos 1990, que transformou essa padronização hierarquizada em incontáveis possibilidades, gerando uma sociedade de múltipla escolha, flexível, variada. Do "dever ser" assim ou assado, conforme modelos pré-estabelecidos, passamos ao "poder ser" conforme o próprio desejo, o que, se por um lado é entusiasmante, por outro pode ser apavorante. Conhecemos a dificuldade de responder à pergunta que pus em título de um livro: "Você quer o que deseja?".

No primeiro momento foi tudo festa, foi um "liberou geral" cheio de alegrias. Mas durou pouco. O motivo é simples: ocorreu uma quebra das identidades. A identidade da pessoa humana não é como a dos animais que já vem *prêt-à-porter*, pronta para vestir.

Nossa identidade se constrói na relação com o outro, desde o nascimento, ao recebermos um nome de família. A sociedade atual de múltiplas escolhas gera ansiedade nas pessoas, pela falta de quem lhes diga o certo e o errado. Daí ao horror à diversidade é um pequeno passo. Isso porque se alguém é diferente de José, ele fica em dúvida se não haveria uma melhor escolha a fazer. Constatamos uma forte sensação no ar de se estar perdendo alguma coisa importante. Os americanos, que adoram siglas, sintetizaram esse sentimento na expressão FOMO: *fear of missing out*, medo de estar perdendo alguma coisa. Esse medo leva as pessoas a se enclausurarem em grupos sociais que, sob a aparência de bom-mocismo, nada mais são do que clubes de elogios recíprocos. Poupo dar exemplos, por saber o quanto irritaria cotistas de boa vontade. Paradoxalmente, como previu Jacques Lacan, a globalização levou ao surgimento e à proliferação de novos racismos. É onde estamos.

Há solução? Sim. Temos que abandonar as tentativas de responder à insaciável expectativa do outro – missão fadada ao fracasso – e passar a constituir nossa identidade, em um duplo movimento: Invenção e Responsabilidade. Invenção de uma resposta singular ao seu desejo e Responsabilidade de expressá-lo no mundo. Se assim fizermos, entenderemos a imensa importância da diversidade em todos os aspectos da nossa vida pessoal e profissional. É porque o outro é diferente de mim que eu posso, com ele, construir caminhos até então impensados. Contrariamente, a recusa da diversidade alimenta os novos racismos.

19 ESTÃO TODOS DESPEDIDOS: TSUNAMI TECNOLÓGICO E OS VELHOS (E NOVOS EMPREGOS)

Nós humanos, estamos sempre buscando a diferença no que fazemos: a criatividade está em nosso cerne.

VOCÊ VAI PERDER SEU EMPREGO. Essa frase ameaça muitas pessoas atualmente. Não estou falando da terrível, mas que vai passar, pandemia. Falo da "destruição criativa", nomeada por Schumpeter, movimento que realça como o novo destrói o anterior. Vários trabalhos estão desaparecendo. Exemplos: radiologista, contador, caixa de supermercado, estivador, ascensorista, cobrador...

A inteligência artificial, principal fator do tsunami tecnológico que nos acomete, está substituindo, com ganho de precisão e rapidez, todas as tarefas humanas capazes de serem transformadas em cifras e algoritmos.

Assim é que a evolução por milhões de anos da nossa capacidade cerebral de memória foi rapidamente ultrapassada por um simples *tablet*. Será que está tudo perdido? Longe disso!

Falemos um pouco da inteligência artificial, que se divide entre forte e fraca. Essa diferença não diz respeito à quantidade de dados que pode processar. A inteligência artificial que porá um homem em Marte processa um número imenso de dados, no entanto é catalogada como fraca. A inteligência artificial forte ainda não existe; será aquela que tiver capacidade de pensar a si mesma, característica exclusiva humana. Não acredito que o progresso científico criará uma inteligência artificial forte. Para isso, teria que ser possível cifrar a essência humana. Essa, no entanto, é vazia. No homem, a experiência da vida precede a essência, enquanto nos animais, dá-se o contrário, a essência da vida precede a existência.

Zebras, tartarugas e abelhas sabem como existir desde o seu nascimento. É uma vantagem e é também uma desvantagem. Sabem o que fazer, mas não sabem mudar aquilo que fazem. Não surgiu nem surgirá uma abelha Niemeyer que faça uma curva no hexágono perfeito de sua casa. Já nós, humanos, estamos sempre buscando a diferença no que fazemos: a criatividade está em nosso cerne. Não me parece possível transformar essa essência em algoritmo, é intangível.

Retomo as consequências sobre o trabalho. Várias tarefas deixarão de existir, mas tantas outras, possivelmente em mesmo ou maior número, serão criadas, contradizendo a primeira impressão. O grande problema é a educação. Temos que correr na criação de processos educacionais que evitem uma epidemia de analfabetismo digital. Estamos atrasados. Abandonamos um planeta e uma forma de viver, que chamaria de TerraUm, e ainda estamos engatinhando nas novas dores e nas novas felicidades de TerraDois. Temos pressa.

Dado os riscos, esse novo mundo não tem garantia. Pode ser amedrontador para muitos. Mas pode ser fonte de felicidade para outros, que têm o entusiasmo de assumir a direção da sua vida. Aquele mundo completo, hierárquico, linear não existe mais. Vivemos hoje o inapreensível. Estamos fadados a lidar com uma interrogação sobre nossas escolhas. Temos de nos responsabilizar por elas, assumindo a ética do artista. Van Gogh inventou um girassol que não existia e colocou-o no mundo. Da mesma forma, respeitando diferenças de talentos, podemos olhar, inventar soluções, e colocá-las no mundo. O movimento de cada um haverá de ser de invenção e responsabilidade – e esse é um momento de felicidade. Fugidio, é verdade, mas que nos incita a continuar.

20 SAÚDES MENTAIS

Muito além de uma consequência da crise da covid-19, a tão falada epidemia de saúde mental tem suas causas na transição para a realidade múltipla e globalizada da TerraDois.

SAÚDE MENTAL É O TEMA DO MOMENTO. Não passa uma semana sem que alguém não me peça um esclarecimento a esse respeito. Especialmente as empresas que se descobriram com uma batata quente na mão, condensada na expressão aflita: "Nossa! Meus colaboradores têm família, ficam doentes, gostam de coisas esquisitas, viajam para locais aos quais eu nunca iria, discutem com seus respectivos companheiros ou companheiras, educam seus filhos das mais diversas e surpreendentes maneiras, decoram suas casas com gosto duvidoso, convivem com sogros insuportáveis, gostam de esportes radicais, músicas cafonas, restaurantes tão horrorosos quanto gordurosos, meu Deus, me dá um remédio!".

Pensa-se que é tudo efeito da covid, esse vírus malandro que obrigou ao trabalho em casa, ou – como alguns preferem –, em bom português, ao *home office*. Esse trabalho a distância entrou na intimidade das casas, mostrando até a cueca samba-canção do juiz distraído que se levantou para buscar um copo d'água e escancarou estar sem calças. Teve o outro, também, sobre o qual sua falsa biblioteca – que era só paisagem – lhe caiu na cabeça em meio a um julgamento. Suas excelências não estão com muita sorte, mas isso é tema para outro artigo. Fato é que, voltando ao principal, as empresas estão se dando conta, como nunca dantes, que seus funcionários são pessoas, obrigando-as a se confrontar com a complexidade que isso implica.

Não devemos misturar causa e coincidência. Não penso que a gripe chinesa seja a causa, mas uma coincidência que acelerou um processo já em curso. O processo em curso, decorrente da revolução tecnológica, é este que temos debatido no espaço destas colunas, a saber, a passagem de um mundo uniformizado e padronizado, TerraUm, para um mundo múltiplo, flexível, globalizado, TerraDois. No mundo uniformizado em que as organizações se acostumaram a viver, a subjetividade humana não passava pelo portão. Deixe seus problemas pessoais em casa, não os traga para o trabalho, e vice-versa, deixe seus problemas de trabalho na empresa, não os traga para casa, costumava-se dizer. A pós-modernidade explodiu o muro que separava esses dois mundos. Hoje, com açúcar e com afeto, fiz sua empresa predileta – data venia Chico Buarque –, para horror dos burocratas.

O perigo, que já mostra seu rosto, é medicalizar a "incômoda" subjetividade humana. Para se passar por *up-to-date*, muitas empresas começaram a oferecer discutíveis planos de saúde mental. Em vez de elas se reinventarem em TerraDois, dando lugar e expressão à singularidade das pessoas, elas, disfarçadas em boas intenções – sim, aquelas mesmas que pavimentam o caminho do inferno –, pensam que desejo se educa e que podemos fazer assepsia das emoções, catalogando-as como ansiedade, depressão, *burnout* e congêneres, achando um remédio para cada quadro. Não vai dar certo. Ainda bem.

21 A GLOBALIZAÇÃO É FEMININA

Não estamos na época das poucas e grandes lutas, próximas ao universo masculino, mas das pequenas e multiformes expressões do desejo, habituais no universo feminino.

DEPOIS DA ONDA RECENTE DE MANIFESTAÇÕES, voltamos a tudo como era dantes? Seguramente não. O que as ruas expuseram, chacoalharam, berraram, estamparam, foi o que há um tempinho já vinha se cozinhando no fogão da pós-modernidade. O mundo, nós, seres humanos, estamos descobrindo uma nova maneira de expressar o que desejamos individual e coletivamente. Essa nova maneira, por ser realizada em um laço social horizontal, não mais vertical; por privilegiar o singular sobre o comum a todos; por não buscar grandes causas, mas a delicadeza dos afetos, é chamada de feminina. A globalização, a nova era em que vivemos, por conseguinte, é feminina. Muito diferente essa forma de ser, da anterior. Para deixar mais claro, vejamos um exemplo banal. Pensemos nos hábitos de se vestir de homens e mulheres. Um homem não vê nenhum problema em ir a uma festa de *smoking*, ou seja, vestido da mesma forma que todos os outros homens. Já uma mulher pode ter um ataque de desconforto se descobrir que seu vestido exclusivo, não é tão exclusivo, por estar enfeitando mais alguém. O homem se dá bem em grupo, gosta de time, de torcida, de roda de Chopp; uma mulher tenderá para a exclusividade, o singular, o detalhe. Essas características tão comuns no cotidiano reaparecem nas alterações atuais do laço social. Não estamos na época das poucas e grandes lutas, próximas ao universo masculino, mas das pequenas e multiformes expressões do desejo, habituais no universo feminino (se é que o feminino faz universo, dado a variedade).

Ainda hoje, ao menos até antes dessa epidemia de manifestações, não passava semana em que um pai ou uma mãe não entrasse em meu consultório para se queixar de seu filho. A cantata se repetia: "É um alienado, não se interessa por nada de importante, não sabe o nome dos ministros, nem mesmo o de todos os estados do Brasil, com as suas respectivas capitais. Ouve uma música que é um bate-estaca, não namora direito, fica, imagina, fica! Fala por murmúrios, vive grudado numa telinha de algum aparelho, não lê, não pensa. É meu filho!? Eu que de bandeira em punho fui para as ruas, expus minha vida, quase fui preso, etc., etc." Quem não reconhece, provavelmente em si mesmo, caro leitor, esse personagem, esse pai ou mãe angustiados?

Vamos acalmá-los, ao menos tentar. O moço de hoje, participante da geração mutante, realmente não discute como antigamente, nem namora como antigamente, nem dança como antigamente, aliás, não faz quase nada como antigamente. Essa é a graça. Algo que chamou a atenção nessas manifestações de agora é a enorme aprovação popular acompanhada de um não saber o que se estava apoiando. Ridículo? Não, analítico. Também aí, as passeatas não são mais como antigamente. Quando oitenta por cento das pessoas dizem estar apoiando um não sei o que, estamos diante de um fenômeno no qual a ação precede a razão, o que leva, em seguida, à busca de um diálogo esclarecedor, como pudemos constatar e vivenciar.

Vimos dois países em confronto: o país dos burocratas, buscando desesperadamente resposta aos clamores das avenidas – iguais a baratas tontas que não conhecem a saída do perigo, nesse caso o povo, e pensam que marqueteiros políticos conhecem, ainda insistindo no jogo de cena – e o país dos conectados, dos que estão ligados na rede que permite o jogo das singularidades articuladas e que provou que o virtual se expressa consequentemente no real, se é que ainda é possível separar uma instância da outra.

As ações de vandalismo, que não têm nada a ver com as manifestações virais, todo o contrário, refrearam, pelo momento, as expressões populares. Elas voltarão.

A globalização é feminina. Isso dá certo *savoir faire* mais confortável às mulheres, mais só certo, não uma garantia. Ter corpo de mulher não garante o feminino. Esse, o feminino, é tão surpreendente no convívio, quanto as ruas brasileiras o são para o mundo. Os jornais do mundo todo se perguntam: "O que está acontecendo com o Brasil?" Pois bem, o que está acontecendo é que o brasileiro sabe que o desejo vai além da necessidade e não tem medo de escolhê-lo. Para nós, vinte centavos valem muito barulho e fazem acordar.

22 SUCESSO E CRISE

> A referida fragilidade da identidade humana é o que explica a sua criatividade e invenção.

SORTEIO, DOENÇA, ACIDENTE, GLÓRIA REPENTINA, VIAGEM INESPERADA, enfim, mudanças rápidas de status são uma ameaça para a identidade. A identidade humana é frágil, flexível, responde ao ambiente, para o melhor e para o pior. Se nos compararmos com os animais, fica fácil perceber que uma vaca é sempre uma vaca, assim como as formigas, as abelhas, os macacos. Animais não duvidam, sempre sabem o que fazer, e o que fazem é sempre o mesmo. Humanos chegam a invejar os animais querendo copiar seu método infalível de serem sempre iguais. É o que explica o sucesso de filmes como o "A marcha do Imperador", que mostra a forma de pinguins atravessarem sem erro a vastidão branca do ártico. Esse filme foi passado em várias empresas para "inspirar" o comportamento dos executivos. Que fria!

Em nossa sociedade, o setor no qual esse fenômeno de desestabilização da identidade é mais aparente é no futebol. Em muito pouco tempo um rapaz pode passar de 'a' a 'z', como por exemplo do anonimato e da dificuldade econômica, à fama e à fortuna. Chocado pela mudança brusca, a pessoa não se reconhece, é como se perdesse a bula de viver, em seus mais variados aspectos, tal quais: como amar, como andar, como ser amigo, como cumprimentar, como comer, como se educar. Aflita, essa pessoa sai atrás de uma nova cara para si mesma, de uma identidade que responda à sua nova situação. Acaba encontrando no balcão das máscaras prontas para vestir – é a base do que chamamos um "mascarado". Para seu azar, as máscaras não resolvem a angústia da desestabilização da identidade, que continua incomodando tal qual uma espinha debaixo da unha. No caso da glória súbita, contrariamente ao bom senso que levaria a pensar que aí tudo é felicidade, o que angustia é a sensação oceânica de expansão egóica, do tudo pode. Quando o "tudo pode" se instala traz junto a indefinição das fronteiras corporais, do limite: do quem sou eu, do quem é você. É nesse momento que uma pessoa fica mais suscetível a que algo ruim lhe ocorra. Pode ser um desastre, uma briga, um crime, uma doença grave, enfim, alguma coisa que dê um basta ao sentimento insuportável da ilimitação de si mesma.

Como tratar? Existem duas formas básicas de tratamento: um tradicional, que envelheceu, e um novo, que começa a ser aplicado. O tratamento tradicional é o de gerar "boas máscaras", propor formas corretas de se comportar. É o que ocorre quando se vai buscar símbolos encarnados em pessoas, em valores, em instituições, para que alguém "corretamente" se aliene. Já falei do filme dos pinguins, poderia também dar o exemplo do filme "Tropa de Elite" que fez tanto sucesso, e do qual se aguarda a continuação, e que, entre outras, trata de como criar um grupo em torno a uma ideia única. Ele também foi projetado em empresas, ensinando aos funcionários descontentes o "Peça para sair" – refrão repetido nos treinamentos da idealizada tropa. Por que dizer que esse procedimento envelheceu? Porque ele se baseia em uma sociedade que estabelecia laços sociais verticais: na família, no trabalho, na sociedade civil. A sociedade globalizada, que habitamos hoje, não é vertical, mas horizontal. As relações não se estabelecem mais em torno a um bem maior, mas em torno a uma multiplicidade de escolhas de seus participantes. Nesse caso, será que estaríamos condenados à dispersão, ao cada um por si? Não é o que temos verificado: a explosão da promiscuidade sexual, por exemplo, que muitos temiam que ocorresse, dada a quebra dos mecanismos verticais de controle, como a força paterna, não ocorreu. Cientistas das humanidades constatam que uma nova forma de organização já está em funcionamento e que devemos aprender a reconhecê-la para poder trabalhar com ela.

Tomemos o caso mais frequente da equipe de futebol. A imprensa tem noticiado insistentemente os problemas vividos por jogadores e seus clubes, em decorrência dos aspectos que estamos analisando aqui: sucesso e crise. Assistimos a busca aflita de dirigentes de por ordem na "bagunça estabelecida entre os atletas" – conforme uma declaração recente. Tentam de tudo: chamar os pais, dar corretivos, multas, suspensões, maior tempo de concentração, aula de religião, de civismo, enfim, despencam todo um arsenal de ordens morais, com pífios resultados. Em vez disso, em vez de insistir, como antigamente, fazer dos diferentes, uma unidade comum, um exército de pinguins, melhor será legitimar as diferenças e mostrar para cada um a responsabilidade individual de participar de um grupo no qual as diferenças são enormes: de ganho, de projeção e de futuro. Isso pode parecer impossível, mas não é. O psicanalista Jacques Lacan visitou a Inglaterra logo depois do final da Segunda Guerra Mundial, com um interesse preciso: o de saber como um grupo tão combalido – o exército inglês – tinha sido capaz de vencer a mais bem planejada máquina de guerra do mundo moderno, o exército alemão. Foi conversando com os psiquiatras ingleses que ele aprendeu as bases de como fazer um grupo de diferentes perseguir o mesmo objetivo, por um certo tempo. A resposta poderia assim ser resumida: a) não escamotear as diferenças; b) mostrar que no mundo atual a liberdade de um só é possível com a liberdade do outro (não como se dizia, antigamente, que a liberdade de um começa, onde termina a do outro); c) que a responsabilidade individual é fruto da vergonha/honra e não do temor do castigo; d) que a referida fragilidade da identidade humana é o que explica a sua criatividade e invenção, e que, finalmente; e) o futebol é um dos principais laboratórios de uma sociedade que articula talentos individuais com jogo grupal – razão do seu fascínio.

23 FAKE NEWS, PÓS-VERDADE OU VERDADE MENTIROSA?

Temos que aprender a calcular a vida com o indizível, o que faz legitimarmos que o mundo é incompleto e não transparente e completo.

ENTENDO A QUEDA DO FALOCENTRISMO, tema deste Encontro, para o objetivo desta comunicação, como a mais importante revolução do laço social dos últimos 2800 anos, a contar de Homero. Tivemos três longos períodos éticos que nos antecederam, a saber: cósmico, tendo como transcendência a natureza; religioso, tendo como transcendência o Deus; e razão, tendo como transcendência o saber. Embora em cada um desses períodos o elemento da transcendência mude: natureza, deus, razão, não muda a arquitetura vertical, em nosso linguajar: a arquitetura falocêntrica.

A queda do falocentrismo tem necessariamente consequências clínicas. Cito duas. Em uma clínica no padrão fálico, a pessoa se pergunta o que a impede de alcançar o objetivo bem determinado. Ou seja, ela sabe onde quer chegar e, não conseguindo, se pergunta sobre o que a impede. Já na clínica, do Século XXI, pós padrão vertical, a pergunta é outra. Não se tem mais um objetivo bem claro, existem inúmeras possibilidades e a pessoa vive a angústia de qual escolher. Se ela tem dez opções, ao escolher uma, a única certeza que tem é que perdeu nove.

Outra consequência importante é a dificuldade de se chegar a uma verdade segura. "Trata-se na psicanálise de fazer verdade daquilo que aconteceu", diz Jacques-Alain Miller, na aula 12 (18/3/2009) de seu curso Coisas de Fineza em Psicanálise. "Existe o que faltou em se fazer verdade, os traumatismos, o que fez buraco – o que Lacan tardiamente batizou de 'troumatisme' (neologismo que junta buraco e trauma em uma só palavra)... A análise seria a chance de retificar o que foi dito erroneamente." Seria um dizer verdadeiro.

Ocorre que sempre o analisando se depara com um indizível, com um impasse. Em síntese, não existe verdade sobre o gozo (JAM). Freud já tinha se dado conta disso, é só verificar seus últimos textos tais como "O Esboço", ou "Compêndio da Psicanálise e Análise Terminável e Interminável". Nos dois ele cita os limites do analisável no protesto masculino e na inveja do pênis. Seriam resíduos intermináveis do processo analítico.

É sobre o impasse freudiano que Lacan propõe uma passagem, um passe que leva o analisando a uma verdade mentirosa, mentirosa sobre o gozo (JAM). Verdade mentirosa, mas operativa. Se no registro da verdade do desejo teríamos o *insight*, o ver dentro, a revelação, no nível da verdade mentirosa do gozo teríamos a reengenharia. "O *sinthoma*, isso funciona, não é susceptível de travessia ou de revelação, ele é susceptível, diria..., de uma re-*engineering*, de uma reconfiguração... que permite passar do desconforto à satisfação."

Em meus termos, vamos, na clínica, do Freud explica ao Freud implica.

Estamos, portanto, habituados na nossa experiência psicanalítica a lidarmos com um mundo incompleto, onde sempre existe uma zona opaca a qualquer desciframento ou ideal de transparência.

Não é o que ocorre em geral nos tempos atuais das *fake news*, algoritmos e da pós-verdade. O fenômeno das notícias falsas não é uma novidade, o que é novo é sua quantidade colossal facilitada pelos meios digitais de comunicação associado a uma TerraDois, a um mundo pós-moderno, no qual a falta de padrões verticais estáveis possibilita a experiência profética de Nietzsche de que não há fatos, mas só versões. A sociedade clama por verdades estáveis, garantidas e claras, tal qual um analisando o faz ao se deparar com a instabilidade da verdade mentirosa, que exige um tipo especial de responsabilidade frente ao acaso e à surpresa, que se consegue em uma análise.

Para examinar esse aspecto é interessante ler as cartilhas de bom comportamento que infestam as empresas nessa febre atual de mecanismos de *compliance*, ou seja, de estar de acordo com as regras.

Ilustro com as dez regras que a Odebrecht estabeleceu para seu funcionamento, recentemente, após o escândalo de suas práticas comerciais duvidosas:

- Combater e não tolerar a Corrupção em quaisquer de suas formas, inclusive Extorsão e Suborno.
- Dizer não, com firmeza e determinação, a oportunidades de negócio que conflitem com este Compromisso.

- Adotar princípios éticos, íntegros e transparentes no relacionamento com agentes públicos e privados.
- Jamais invocar condições culturais ou usuais de mercado como justificativa para ações indevidas.
- Assegurar transparência nas informações sobre a OEC e suas Empresas Controladas, que devem ser precisas, abrangentes e acessíveis e divulgadas de forma regular.
- Ter consciência de que desvios de conduta, sejam por ação, omissão ou complacência, agridem a sociedade, ferem as leis e destroem a imagem da OEC e da Organização Odebrecht.
- Garantir na OEC, e em sua cadeia de valor, a prática do Sistema de Conformidade, sempre atualizado com as melhores referências.
- Contribuir individual e coletivamente para mudanças necessárias nos mercados e nos ambientes onde possa haver indução a desvios de conduta.
- Incorporar nos Programas de Ação dos Integrantes avaliação de desempenho no cumprimento do Sistema de Conformidade.
- Ter convicção de que este Compromisso nos manterá no rumo da Sobrevivência

O esforço é válido, como não apoiar, porém sabemos que esse tipo de atitude, diríamos super-egóica, é para inglês ver, ou melhor, para americano ver, pois dada a regra, abre-se o caminho para o perverter da regra.

As *fake news* vão diminuir? Não acredito, ao contrário, pelas razões já citadas só tendem a aumentar. As tentativas de regramento impeditivo, como nesta semana Macron propôs na França, são semelhantes aos esforços empresariais de *compliance*. Parece-me que a solução é aprendermos a viver em TerraDois, temos que aprender a calcular a vida com o indizível, o que faz legitimarmos que o mundo é incompleto e não transparente e completo. Verdade mentirosa não é verdade falsa, *fake news*. Bem escreveu em sua tese de docência o jurista Miguel Reale Jr.: "O preço da liberdade não é a eterna vigilância, o preço da liberdade é o eterno delito".

Estou convencido que podemos contribuir com o momento atual da sociedade por meio do nosso hábito de lidarmos com uma realidade humana incompleta no sentido que a verdade, como dizia Lacan, não se diz toda não por não se querer, mas por ser impossível dizê-la toda.

Dou três exemplos nos quais participei, guiado por essas considerações.

1. Na sua primeira campanha para presidente da República, o então candidato Fernando Henrique Cardoso, em comícios no nordeste afirmou que adorava buchada de bode. Isso foi motivo de críticas hilárias da imprensa, acusando-o de populismo barato, pois o chamado príncipe dos sociólogos não poderia se deliciar com as entranhas do bode. A candidatura corria risco. Foi nessa situação que a assessoria do candidato, me perguntou como tirar o bode, por assim dizer, do caminho do repasto do futuro presidente. Inspirado pela antevisão do patriarca da Independência, José Bonifácio de Andrada e Silva, em uma admoestação a D. Pedro I, em situação equivalente, escrevi um comentário, para o candidato, sobre a diferença de ser popular com ser populista. Resumindo, o populista mimetiza uma suposta unicidade do povo, pois acredita em um mundo completo; o popular respeita e convive nas articulações das diferenças do povo. O príncipe não precisa deixar de ser príncipe para ser popular.

2. O presidente Luiz Inácio da Silva, Lula, me consultou diretamente, por volta do sexto mês do seu primeiro mandato presidencial, em meio a uma crise dele com o seu partido. Iniciei da ideia que o partido visava o passado, a tradição; o presidente, o futuro e, por isso, que o conflito era inevitável. E mais, que não há como um presidente não ser arbitrário, lembrando que arbitrário (Saussure) é totalmente diferente de autoritário. Arbitrário é a responsabilidade frente ao acaso.
3. Não conheço pessoalmente, até hoje, o presidente do Supremo Tribunal Federal, o ministro Dias Toffoli. Fui surpreendido pelo seu discurso de posse, neste 13 de setembro, no qual por quinze minutos faz considerações de como deverá ser o funcionamento do Supremo em TerraDois, conceito por mim criado e expresso no programa de mesmo nome da TV Cultura. Extraio um pequeno trecho de seu discurso:

> "TerraUm é passado.
> Hoje, vivemos em TerraDois!
> Em TerraDois os padrões estão diluídos.
> As referências são múltiplas e se contrapõem.
> Sociedade horizontal.
> Sem valores hierárquicos.
> Informação difusa.
> Não há espaço para explicações formais.
> Nesse mundo em transformação, diz ele:
> 'O líder atual é o melhor articulador das
> diferenças, e não guia de um caminho único'."

Concluo, parodiando Picasso: o fato de uma realidade incompleta, das diferenças singulares, da informação difusa ter sido tão bem absorvida por essas pessoas, mostra que o Real é transmissível e que podemos avaliar a importância dos praticantes da psicanálise, na legitimação de uma reengenharia de gozo nesses novos tempos tão criativos e tão desbussolados.

Para que isso ocorra, é necessário que abandonemos a confortável ética do medo, preconizada por muita gente boa, entre outros, por Hans Jonas. Medo que nos assalta a cada instante; medo do sexo, do glúten, da camada de ozônio, das redes sociais, das *fake news*, dos algoritmos, da inteligência artificial, etc., etc. Temos que estabelecer, na contracorrente do medo, uma ética da responsabilidade criativa: Invenção e Responsabilidade, para um mundo incompleto.

JORGE FORBES

Psicanalista, psiquiatra, pensador, escritor, conferencista e criador de TerraDois – a tradução do mundo em que vivemos.

Jorge Forbes, que encabeça a discussão da pós-modernidade no Brasil, é psicanalista e psiquiatra, doutor em psicanálise e em medicina. Autor de vários livros, especialmente sobre o tratamento das mudanças subjetivas na sociedade. Recebeu o Prêmio Jabuti em 2013. É criador e apresentador do programa TerraDois, da TV Cultura, eleito o melhor programa da televisão brasileira em 2017 pela Associação Paulista de Críticos de Artes (APCA).

JORGEFORBES.COM.BR

VEÍCULOS DE PUBLICAÇÃO

Site Oficial de Jorge Forbes: http://jorgeforbes.com.br/

Revista *IstoÉ Gente*

Revista *HSM management*

Revista *Psique – Ciência e Vida*

Revista *WELCOME Congonhas*

Revista *VEJA*